L'ESPRIT DE LA

MÉDITATION

ERICA BREALEY

L'ESPRIT DE LA
MÉDITATION

OCTOPUS

À Nick, pour son amour,
son soutien et sa sagesse

L'édition originale de cet ouvrage est parue en 2004
chez Cassell Illustrated sous le titre *The Spirit of Meditation*
Texte © 2004 Erica Brealey
Maquette © 2004 Cassell Illustrated

Responsable éditoriale : Camilla Stoddart
Édition : Robin Douglas-Withers
Maquette : Shiny Design
Photographies spécifiques : Terry Benson
Recherche iconographique : Christine Junemann

Édition française :
© 2004 Octopus / Hachette Livre

Traduction/adaptation : Claire Mulkai
Réalisation : Philippe Brunet / PHB

ISBN : 2-01-260264-9
Dépôt légal : 43340 – novembre 2004
Imprimé en Chine

Avertissement :
Les techniques de méditation et les postures de yoga décrites
dans ce livre ont été conçues pour une initiation sans risques.
Toutefois, l'auteur et l'éditeur dégagent leur responsabilité
en cas de blessures survenues dans la pratique de ces techniques
et postures. Si vous êtes enceinte, ou si vous avez le moindre doute
concernant votre état de santé, consultez un médecin avant
de vous lancer dans l'une ou l'autre de ces pratiques.

Sommaire

Avant-propos

Dans ce livre, Erica Brealey restitue l'essence de la méditation et ouvre au lecteur les portes de cet art de l'intériorité. Son livre joue le rôle d'un guide stimulant qui, en présentant un panorama des multiples traditions, permet une meilleure compréhension de cette pratique et propose une voie vers un bonheur authentique et sans mélange.

D'innombrables personnes à travers le monde se tournent vers la méditation, car le matérialisme actuel accroît le stress au lieu d'apporter le vrai bonheur. La méditation leur offre un moyen de connaître le calme, le contentement et la félicité. La méditation amène la paix de l'esprit et permet d'être attentif tout en restant passif en parole, en pensée et en action. Erica cite la définition de la méditation par Patañjali : « Un flot continu d'attention dirigé vers le même point ou la même région. » Puis-je ajouter que ce flot continu d'attention doit s'effectuer de l'intérieur vers l'extérieur et de l'extérieur vers l'intérieur, et demeurer constant. Ce sentiment de passivité attentive est le point de départ de la méditation, quand l'intelligence de la tête rejoint celle du cœur et quand la conscience individuelle se transforme en conscience divine. Lorsque l'on parvient à cet état, l'union du moi avec le Soi Cosmique (Dieu) se réalise. Le point d'arrivée de la méditation, c'est quand on atteint le sommet de la sagesse et que l'on découvre l'universalité en soi.

À côté de sa dimension spirituelle, la méditation procure aussi bien-être physique et stabilité émotionnelle. En transmettant mon enseignement, j'ai pu constater que la méditation agit efficacement contre le stress et donne la confiance nécessaire pour faire face à de nouveaux défis avec calme et force. Dans la pratique du yoga de Patañjali, ces bienfaits se manifestent parce que les huit éléments du yoga travaillent sur les huit constituants principaux de l'homme (les organes de l'action, les sens de la perception, le corps, le souffle, l'esprit, l'intelligence, l'ego et la conscience). Le but ultime de la méditation est la sublimation de l'ego, qui procure des résultats durables à tout un chacun, indépendamment de ses croyances et de sa pratique religieuse.

B. K. S. Iyengar

Préface

D'après une étude récente, la plupart de ceux et celles qui pratiquent la méditation le font parce que c'est bénéfique pour la santé. Des articles dans la presse évoquent régulièrement les innombrables vertus de la méditation, qui renforce le système immunitaire, favorise la pensée positive, clarifie l'esprit, diminue l'anxiété, au point qu'on la considère parfois essentiellement comme une excellente technique de développement personnel. Mais nous sommes aujourd'hui à un tournant et il apparaît que de plus en plus de gens, tous âges confondus, se tournent vers la spiritualité. Pour les hommes et les femmes qui aspirent à une vie spirituelle mais ne sont pas attirés par une religion structurée, la méditation s'avère une solution idéale.

Quelles que soient les raisons qui poussent quelqu'un à expérimenter la méditation, j'ai remarqué que les personnes qui s'y tiennent et en retirent le plus de bénéfices ne sont pas celles qui en font une obligation, parce que c'est bon pour elles ou qu'elles sont en quête d'accomplissement, mais celles qui la pratiquent parce qu'elles y trouvent du plaisir. Je crois que le plaisir est capital pour établir une relation durable avec la méditation et j'espère, dans ce livre, transmettre un peu de la richesse et de la joie qu'elle procure, en plus de ses bienfaits sur le plan physique et spirituel.

Personnellement, j'ai connu la méditation lorsque j'étais adolescente, à la suite d'une rencontre inopinée avec un jeune Irlandais volubile. Donny avait acquis la « Connaissance » – quatre techniques de méditation – grâce à laquelle il affirmait avoir trouvé la paix intérieure et un sens à sa vie. Ce qui m'impressionna le plus fut sa gentillesse et son attitude positive dans l'existence. Donny me proposa de l'accompagner à son centre de méditation et, comme je n'avais pas grand-chose à faire, j'y suis allée. Nous nous sommes retrouvés dans une modeste maison du nord de Londres où un Mahatma (« grande âme ») indien exposait les joies de la méditation et la grandeur de son guru, un garçon de treize ans dénommé Guru Maharaji. L'idée d'un guru ne m'attirait guère et je commençais à me perdre dans mes pensées lorsque je fis une expérience étrange : la tête du Mahatma s'est soudain fondue dans une boule de lumière éblouissante. Cette vision a disparu aussi vite qu'elle était apparue, mais j'étais médusée. J'ai décidé d'essayer la méditation et, après avoir supplié le Mahatma pendant plusieurs semaines, celui-ci a accepté de m'initier aux techniques.

M'asseoir chaque jour pour méditer était une pratique difficile à intégrer dans mon existence désordonnée, mais je remarquais que, chaque fois que je me concentrais sur ma respiration – l'une des techniques qu'on m'avait montrées –, mes sens s'aiguisaient aussitôt et tout ce que je faisais ou ressentais gagnait en intensité. Parfois, j'entrevoyais quelque chose de plus profond, ce qui me poussa à m'intéresser à la philosophie et aux religions, pour voir si elles détenaient des réponses. Mais je n'ai trouvé aucune certitude, seulement des croyances.

Pendant les dix années suivantes, je suis devenue passionnée de yoga et j'ai expérimenté diverses formes de méditation, avec des résultats variables. Je suis revenue vers le christianisme, la religion dans laquelle j'avais été élevée. Prenant à cœur les paroles de l'*Évangile de Matthieu*, «Demandez et l'on vous donnera ; cherchez et vous trouverez ; frappez et l'on vous ouvrira», j'ai frappé aussi fort et aussi sincèrement que j'ai pu. Et «on» m'a ouvert, d'une manière inattendue, sous la forme d'une page d'un livre qui donnait une liste de mantras et la façon de les utiliser en méditation. J'ai décidé d'essayer. Le premier mantra n'a pas eu d'effet, mais le lendemain j'en ai choisi un autre : om namah shivaya. J'étais tombée juste. La méditation est venue facilement et, les jours suivants, je me suis surprise à réciter le mantra à différents moments de la journée, ce qui me procurait une sensation de bien-être extraordinaire.

Environ une semaine plus tard, je feuilletais un numéro du *Harper's Bazaar* chez une amie quand le magazine s'est ouvert au hasard. Les mots om namah shivaya m'ont sauté aux yeux. C'était le mantra de l'école de méditation du Siddha Yoga, dont les enseignements avaient été apportés en Occident par Swami Muktananda. L'article décrivait les «intensives» de méditation qui se déroulaient dans le centre londonien du Siddha Yoga et grâce auxquelles l'énergie spirituelle d'un individu, appelée traditionnellement la «kundalini», pouvait être éveillée. J'ai aussitôt relevé l'adresse, je me suis inscrite à une session d'initiation et j'ai décidé de participer à la prochaine « intensive ». Il n'y avait qu'un problème : malgré la relative modicité du coût, j'étais fauchée et il ne me paraissait pas très judicieux de m'endetter davantage en vue d'une richesse future, spirituelle ou autre. J'ai conclu un accord avec moi-même, selon lequel si tel était mon destin, alors les fonds arriveraient.

Ils sont arrivés. La semaine suivante, l'argent a afflué : un don inattendu de ma grand-mère, un dégrèvement fiscal, etc. J'ai même gagné aux courses, pour la seule et unique fois de ma vie ! Mon compte bancaire n'était plus dans le rouge et tout s'est mis en place facilement. Je suis arrivée en pleine forme pour les deux jours de « l'intensive », prête pour l'éveil de la kundalini et l'illumination.

On nous a donné des instructions pour la méditation ; je me suis assise sur le sol, jambes croisées, et j'ai suivi les directives, dans l'attente qu'un miracle se produise, et vite. Au bout d'un quart d'heure où je ne ressentais rien qu'un léger inconfort physique, la déception et la désillusion se sont emparées de moi. Je me suis appuyée contre le mur et j'ai somnolé pendant tout le reste de la séance.

À peine me suis-je sentie détendue et à l'aise qu'une soudaine décharge électrique a parcouru mon dos, du bas de la colonne vertébrale jusqu'au sommet du crâne, m'obligeant à me redresser. Ma conscience s'est ouverte à une immense énergie vibratoire, que j'ai ressentie d'une manière incroyablement sensuelle, et j'ai compris que l'univers tout entier n'était rien d'autre que pure conscience. Le temps s'est arrêté jusqu'à ce que l'autosatisfaction n'effleure mon esprit – quelle chance j'avais ! – et l'expérience a pris fin brusquement. Mais elle a été suivie aussitôt par une série d'expériences inhabituelles, bien que moins extatiques : modifications du rythme de la respiration et mouvements physiques tels que postures de yoga et gestes spontanés. Ma kundalini était bel et bien éveillée, et très active. La méditation prit une place primordiale dans ma vie au cours des années suivantes.

Je ne me rendais pas compte à l'époque que mon voyage intérieur – un voyage qui est encore loin d'être terminé – venait seulement de commencer. Qu'il me suffise de dire que, après une période idyllique de quelques mois, durant laquelle je méditais intensément, parfois plusieurs heures par jour, les choses se sont calmées. J'ai commencé à comprendre que l'illumination ne se produit pas du jour au lendemain et que la transformation personnelle prend du temps. J'ai également réalisé que, aussi fascinantes et encourageantes soient-elles, les expériences spectaculaires ne sont pas nécessairement une marque de progrès spirituel et qu'un grand nombre de méditants, sans doute la majorité, ne les rencontrent pas. Avec les années, ma relation avec la méditation a connu des hauts et des bas, des conflits, des stagnations, et même des séparations temporaires. Mais la méditation est une part inséparable de ma vie et, même si mes séances sont plus calmes et moins spectaculaires aujourd'hui, elles n'en sont pas moins gratifiantes. Comme d'autres méditants, j'ai constaté l'influence extrêmement bénéfique de la méditation régulière dans de nombreux domaines de ma vie, mais je n'aurais sûrement pas continué si cela n'avait pas été une expérience à la fois passionnante et plaisante.

Au début, vous devrez faire une place à la méditation dans votre vie mais, une fois enracinée, c'est elle qui vous entraînera, vous invitant à entrer toujours plus profondément au cœur même de votre être. J'espère, dans ce livre, donner aux lecteurs qui commencent à s'intéresser à la méditation l'envie de la pratiquer, et enrichir l'expérience de ceux qui l'ont déjà installée dans leur existence.

Je vous souhaite un voyage fascinant et joyeux à la découverte de vous-même.

Erica Brealey

PRÉSENTATION de la MÉDITATION

1

Cherchez la félicité non dans
vos passions mais dans votre cœur.
La source du bonheur n'est pas
à l'extérieur mais à l'intérieur.

Guerre et Paix, Léon Tolstoï

La méditation est une pratique spirituelle présente dans toutes les grandes religions, y compris le christianisme, depuis des milliers d'années. Courante en Orient, elle est restée jusqu'à une date récente peu connue en Occident, où on la considérait comme assez ésotérique. Peu d'Occidentaux savaient ce qu'était réellement la méditation, encore moins la pratiquaient.

Aujourd'hui, grâce à sa réputation de remède contre le stress et les tensions de la vie moderne, la méditation a perdu son image ascétique et apparaît comme extrêmement bénéfique pour notre bien-être mental. De plus en plus de gens la pratiquent et des cours proposant diverses formes de méditation fleurissent un peu partout. Les médecins recommandent la méditation à leurs patients pour traiter toutes sortes de troubles, de l'hypertension à la dépression. Adoptée sous une forme ou une autre, elle s'avère un excellent moyen de rester en bonne condition physique et mentale.

Quoi de surprenant si cet art de vivre millénaire, qui promet d'immenses bienfaits pour un effort minime – dix à quinze minutes de pratique une ou deux fois par jour – attire tant de monde? Pourtant la méditation est bien plus qu'un antidote contre le stress ou une autothérapie des névroses. Même si la plupart des gens s'y adonnent pour des raisons de santé, pour recharger leurs batteries ou améliorer leur qualité de vie, tôt ou tard beaucoup d'entre eux découvrent que la méditation ouvre la porte du royaume intérieur et nous entraîne dans un voyage à la découverte de notre moi profond.

La vérité vous libérera.

Actes des Apôtres, 8, 32

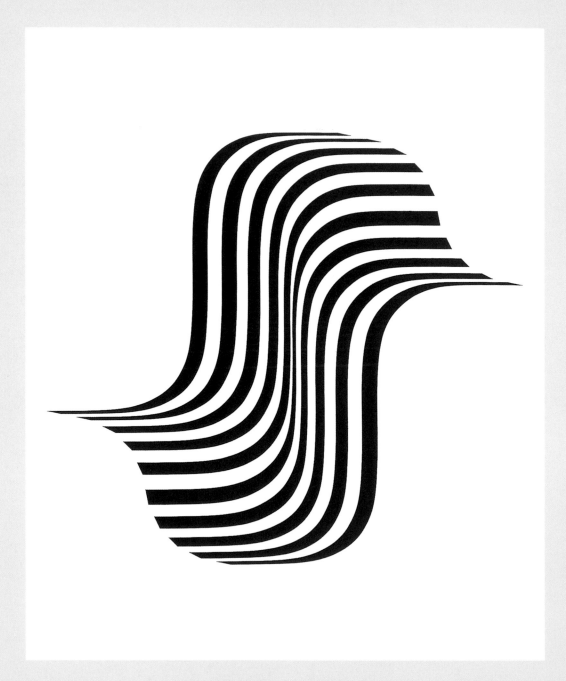

Sans titre (Winged Curve), 1966, Bridget Riley

Qui aurait pu prévoir, il y a cinquante ans, que la méditation serait non seulement acceptée en Occident mais recherchée? Le passage de cette discipline d'un contexte ésotérique à un phénomène de société est remarquable, même si ceux dont l'influence a contribué à ce changement ont peut-être eu l'intuition que l'époque était mûre. Swami Muktananda, l'un des plus célèbres maîtres de méditation indiens venus en Occident dans les années 1970, déclara qu'il avait pour mission de créer une « révolution de la méditation ». Depuis, un véritable bouleversement s'est

Le succès de la méditation

produit dans l'attitude des Occidentaux vis-à-vis de cette pratique millénaire, et la « révolution » annoncée a bien eu lieu.

Maintenant, valeurs spirituelles et matérielles coexistent et se mêlent librement dans nos sociétés occidentales. Les célébrités, ces nouveaux maîtres de vie du XXIe siècle, exhibent ouvertement leurs croyances spirituelles et leurs tapis de yoga estampillés Gucci, tandis que de simples T-shirts représentant bouddhas et bodhisattvas en pleine méditation se vendent à des prix exorbitants dans les boutiques des créateurs. La publicité, toujours à l'affût des tendances, s'est emparée du vocabulaire et des images de la spiritualité pour vendre tout et n'importe quoi, des crèmes de beauté aux groupes de rock.

Si les portes de la perception étaient nettoyées,
toute chose apparaîtrait à l'homme ce qu'elle est, infinie.

Le Mariage du Ciel et de l'Enfer, William Blake

Il est difficile de dire à quel moment précis s'est produit le tournant, mais les graines du changement ont été plantées dans les années 1940 par les intellectuels de la «beat generation», parmi lesquels Aldous Huxley dont l'intérêt pour le mysticisme l'amena à écrire *La Philosophie éternelle* (1945). Quelques années plus tard, Huxley expérimenta les drogues psychédéliques et, dans son livre culte *Les Portes de la perception* (1954), dont le titre s'inspire d'un poème de William Blake (voir citation plus haut), il décrivit la mescaline comme une sorte de raccourci pour atteindre l'expérience mystique. De tout temps, en effet, de nombreuses traditions mystiques et religieuses ont utilisé les drogues pour provoquer des états modifiés de conscience : le peyotl dans certains rites chamaniques, ou le soma, une boisson enivrante à base de plantes, dans le rituel védique. Mais Huxley a conduit toute une génération à voir dans les drogues le chemin vers l'illumination.

En l'espace de quelques années, Timothy Leary mit en place un programme d'expérimentation des drogues à l'université de Harvard et préconisa l'usage de diverses substances pour atteindre instantanément l'illumination. La contre-culture hippie des années 1960 répondit à son appel, résumé dans cette formule de l'époque : «Se brancher, décoller, planer.» Bientôt de nombreux hippies passèrent sur une autre longueur d'onde en prenant des drogues hallucinogènes, alors en vente libre dans certains pays.

Des drogues comme la mescaline et le LSD provoquaient souvent des visions spectaculaires et des perceptions de couleurs extraordinaires. Celles-ci se reflétaient dans les vêtements et les objets de l'époque, au cours des années 1960 et 1970, en un véritable kaléidoscope de couleurs éclatantes – rose, orange, vert, turquoise, jaune – et de motifs complexes. La musique constituait un élément indispensable de la culture hippie, le rock notamment, avec ses nouvelles idoles souvent grandes consommatrices de drogues. Plusieurs musiciens extrêmement doués et novateurs ont payé, hélas, le prix fort pour leur mode de vie extravagant et leur usage toujours plus intense de la drogue. La mort de Jimi Hendrix, le roi de la musique psychédélique, de Brian Jones des Rolling Stones et de Jim Morrison des Doors, groupe qui tirait son nom du livre d'Aldous Huxley *Les Portes de la perception* (en anglais *The Doors of Perception*), était liée directement ou indirectement à la drogue.

Il n'en reste pas moins que la culture psychédélique a ouvert la voie à une renaissance de la spiritualité. Lors d'un trip à la mescaline ou à l'acide, il n'est pas rare d'éprouver des sensations proches des états mystiques, puisque la perception habituelle de l'espace et du temps disparaît et que la frontière entre nous et ce qui nous entoure se dissipe. Malheureusement, les mauvais trips et les retours en arrière faisaient partie des risques rencontrés, et les dangers réels des drogues, ainsi que leurs limites comme moyen d'atteindre une extase durable, devinrent évidents. Des foules de jeunes bouclèrent leurs sacs et prirent la route de l'Inde, du Népal ou du Cachemire, en quête d'une nouvelle manière de vivre, d'une sagesse spirituelle, d'une connaissance de soi.

Fête psychédélique au son des cornemuses en 1969, à l'apogée
du mouvement hippie, quand, après avoir entrevu l'illumination
en expérimentant les drogues, les hippies commencèrent à chercher
la paix intérieure et le sens de la vie dans les techniques
de méditation orientales.

Beaucoup découvrirent la méditation au cours de leurs voyages en Orient et la firent connaître à d'autres à leur retour. Certains restèrent sur place et expérimentèrent des modes de vie différents – au sein des colonies hippies de Goa, sur la côte occidentale de l'Inde, ou dans les ashrams de Rishikesh, entre autres – qui promettaient la liberté, le hachisch à volonté, la relation avec le sacré et l'aventure spirituelle. Pendant ce temps, de retour au pays, les Beatles captaient l'air du temps et, George Harrison en tête, démontraient l'influence de l'Inde sur leur créativité et leur spiritualité dans un album majeur, *Sgt Peppers Lonely Hearts Club Band*. L'accompagnement de la chanson de George Harrison, *Within You Without You*, inclut sitar, tabla et autres instruments indiens, tandis que les paroles révèlent l'intérêt du compositeur pour la méditation :

Tâche de comprendre que tout est en toi
Personne d'autre ne peut te faire changer […]
[…] Le temps viendra où tu comprendras
Que nous ne sommes tous qu'un,
Et que la vie s'écoule à l'intérieur de toi
Et à l'extérieur de toi.

Within You Without You, George Harrison

Paul McCartney et George Harrison, des Beatles, avec la compagne de Paul, Jane Asher, aux pieds de Maharishi Mahesh Yogi en 1968.

Quiconque pense peut méditer.

Maharishi Mahesh Yogi

La circulation entre l'Orient et l'Occident ne se faisait pas en sens unique. Tandis que les hippies partaient pour l'Orient, des gurus et autres maîtres spirituels orientaux se rendaient en Occident, où ils apportaient leurs propres enseignements en réponse à la soif des Occidentaux pour la sagesse orientale. L'un de ces maîtres, Maharishi Mahesh Yogi, fut le premier à faire le voyage à la fin des années 1950. Sa mission – diffuser la technique de la Méditation Transcendantale® (TM®) dans le monde – rencontra un certain succès au début des années 1960 mais ne prit réellement son essor qu'en 1967, quand les Beatles firent la connaissance du maître lors d'une tournée en Grande-Bretagne et devinrent ses disciples. Ils annoncèrent publiquement qu'ils renonçaient aux drogues, dont ils n'avaient plus besoin depuis qu'ils avaient découvert la méditation, et suivirent le guru en Inde. Ils furent vite déçus par lui, mais la méditation resta un mode de vie pour Harrison, et la Méditation Transcendantale® devint l'une des formes de méditation les plus pratiquées et les plus recherchées. La validité de cette technique était étayée par de nombreuses études prouvant son efficacité pour diminuer le stress et améliorer la santé et la créativité. Comme la plupart des autres techniques, la Méditation Transcendantale® a pour but ultime l'accomplissement personnel, ou « conscience cosmique », selon les termes de Maharishi.

Les maîtres de la conscience cosmique ne venaient pas seulement d'Inde, mais du Tibet dont les chefs religieux avaient été chassés de leur pays par l'invasion chinoise, et aussi du Japon et d'autres régions. Les philosophies et pratiques spirituelles telles que le yoga, le zen, ainsi que certains courants du bouddhisme et de l'hindouisme, firent leur entrée en Occident, où elles rencontrèrent un public de plus en plus vaste.

Depuis, les pratiques orientales ont évolué pour s'adapter à leurs nouveaux adeptes et à leur nouvel environnement. Elles se sont également avérées dépendantes des mêmes tendances et des mêmes modes que tout le reste en Occident. Le yoga, en particulier, connaît une immense popularité depuis une dizaine d'années. Tout le monde sait aujourd'hui ce qu'est le yoga, ou croit le savoir. Il est significatif, par exemple, que les connaisseurs soient capables de citer plusieurs types de hatha yoga, le yoga de l'action physique : le bikram yoga, très branché et réservé à ceux qui sont en excellente forme, car il exige des postures très difficiles qui provoquent une sudation intense ; l'ashtanga yoga, rapide, athlétique et souvent ultra-compétitif ; le yoga d'Iyengar, qui convient mieux aux puristes, adeptes d'un style de yoga plus lent mais néanmoins exigeant, précis et très structuré ; le sivananda yoga, pour ceux qui préfèrent une approche plus sereine. Des cours de yoga se sont ouverts un peu partout, et l'on discute sans fin, dans les milieux spécialisés, du pour et du contre de telle ou telle méthode ou de tel ou tel enseignant. On oublie souvent que les postures du hatha yoga ont leur origine dans la position assise prolongée de la méditation ; appliqué à l'Occident, le hatha yoga a été dissocié de son rôle au sein d'un système global de purification spirituelle. L'ascétisme du yoga traditionnel n'a guère de charme pour le pra-

Comment réveiller et entretenir le puissant flux créateur à l'intérieur de soi sans le soutien de quelqu'un qui a déjà expérimenté le processus ?

Swami Chetananda

tiquant occidental moyen, plus enclin à adopter des valeurs matérialistes. L'industrie de la mode a vite fait de le comprendre. Le matériel du yogi – vêtements, tapis, couvertures et accessoires divers – représente un marché florissant. Les professeurs de méditation et de yoga doués d'un esprit d'entreprise se sont prêtés au jeu et ont appris les règles de la publicité, et plus d'un guru est devenu une célébrité.

La mode du yoga, jointe au fait que beaucoup d'Occidentaux s'y sont mis pour la beauté du corps plus que de l'esprit, chagrine certains puristes qui craignent que les enseignements profonds du yoga ne se perdent. D'autres se réjouissent de sa popularité et pensent que toute motivation pour pratiquer le yoga vaut mieux que rien. Tôt ou tard, à mesure que le yoga distille sa magie subtile, tous les pratiquants découvrent le but profond des postures, qui est d'amener l'attention vers l'intérieur. Quelle que soit la raison qui pousse quelqu'un à se mettre au yoga – et toutes sont bonnes –, la meilleure façon de pratiquer est d'associer postures et respiration. Quand nous harmonisons les mouvements du corps avec le souffle, nous atteignons le point d'immobilité qui est la base de chaque posture et nous expérimentons des états méditatifs. Le yoga a beau suivre sa propre évolution parallèlement à celle de ceux qui le pratiquent, quels que soient les signes extérieurs dont on le revêt, ses effets profonds sur la psyché n'en demeurent pas moins réels.

Le yoga et la méditation semblent bien implantés en Occident. La seconde moitié du XXᵉ siècle a révolutionné notre point de vue sur la méditation et a vu cette pratique prendre une place de plus en plus grande dans la conscience du public. Même si la doctrine du yoga se retrouve parfois édulcorée, nous avons toutefois la chance de vivre à une époque où les enseignements jusqu'alors secrets nous sont facilement (sinon librement !) accessibles, et peuvent être intégrés dans notre vie quotidienne sans exiger que nous renoncions au monde.

Dans l'idéal, il nous faut trouver un ou plusieurs guides authentiques capables de nous accompagner sur le chemin de notre intériorité, et de nous aider à mettre en route le processus de la méditation et à l'approfondir. On dit que quand l'élève est prêt, le maître arrive : une rencontre souvent placée sous le signe de l'évidence, ou du destin. Que vous en fassiez ou non l'expérience et quoi que vous dise votre cœur, mieux vaut observer attentivement et éviter les décisions précipitées. Le choix d'un guide sur le chemin spirituel est aussi important que celui d'un conjoint, et l'on sait bien que ceux qui se marient sans réfléchir risquent de le regretter toute leur vie. Un maître véritable, loin de vous emprisonner, vous aidera à atteindre l'illumination et la libération. En fin de compte, le vrai guide est le guide intérieur, la sagesse qui réside en chacun de nous. Le guide extérieur nous montre le chemin et nous aide à nous y engager.

Rien ne remplace un guide en chair et en os, mais le présent ouvrage a pour but de capter l'esprit de la méditation, d'informer et d'encourager ceux qui ont envie d'en savoir davantage et, espérons-le, d'en faire l'expérience.

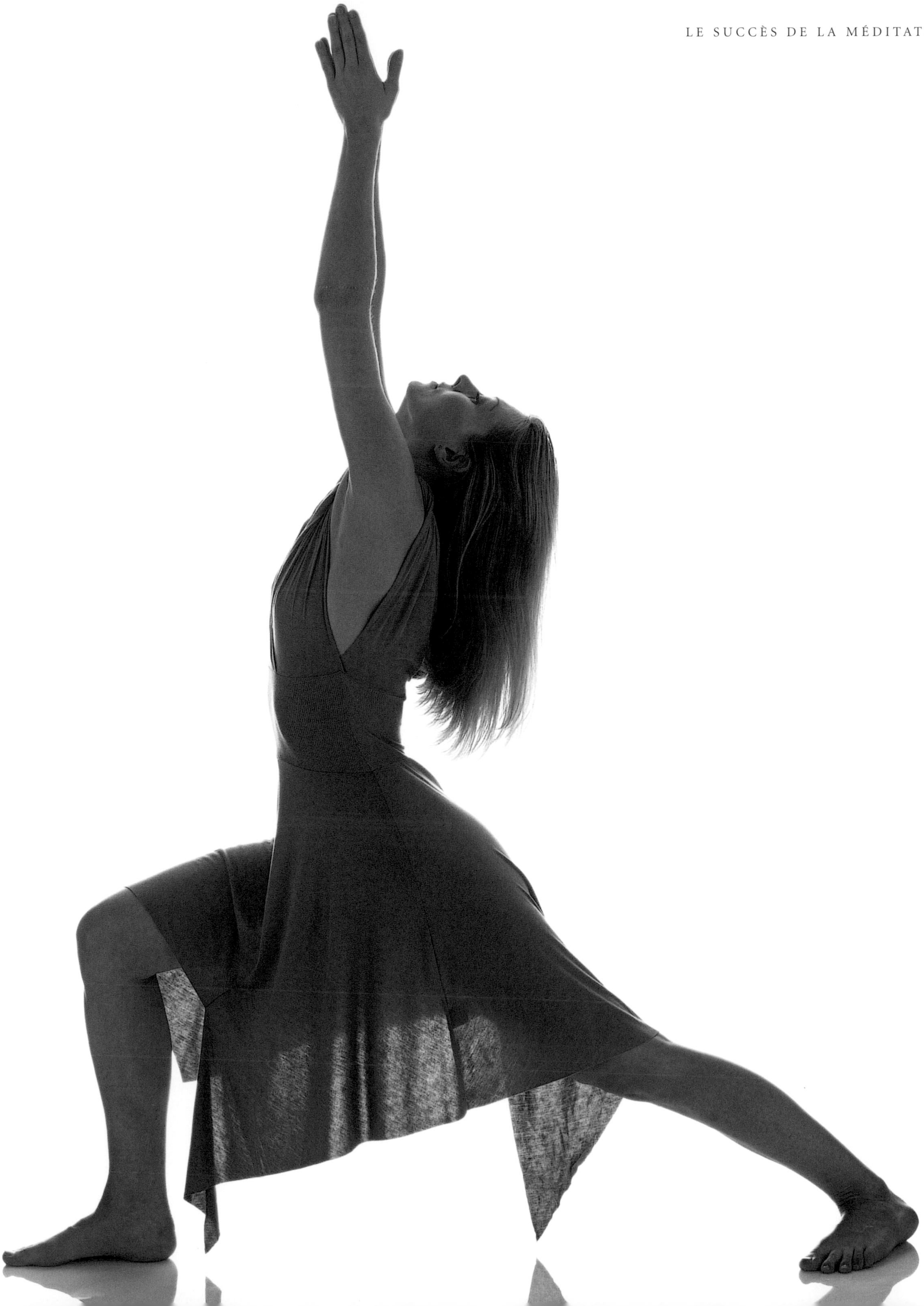

Regarde à l'intérieur et vois comme les rayons de lune
de cet Un Caché brillent en toi. […] Là, le sage reste sans voix :
car cette vérité ne peut jamais être trouvée dans les Veda ou les livres.

Kabir

Qu'est-ce que la méditation ?

Au point-repos du monde qui tourne. Ni chair ni privation de chair ;

Ni venant de, ni allant vers ; au point-repos, là est la danse ;

Mais ni arrêt ni mouvement. Ne l'appelez pas fixité,

Passé et futur s'y marient. Non pas mouvement de ou vers,

Non pas ascension ni déclin. N'était le point, le point-repos,

Il n'y aurait nullement danse, alors qu'il n'y a rien que danse.

Je ne puis que dire : nous avons été là, mais où, je ne saurais le dire.

Et je ne saurais dire pour combien de temps :

[ce serait situer la chose dans la durée.

Burnt Norton, Quatre Quatuors, T.S. Eliot

Le Soi ne peut s'atteindre par aucune exégèse, ni par la vigueur intellectuelle, ni par une grande érudition. Celui qui peut l'atteindre est élu par le Soi, qui lui dévoile sa nature. *Katha Upanishad*

La méditation est un état

Il est illusoire de vouloir expliquer une œuvre d'art, affirmait Picasso. On pourrait en dire autant de la méditation. L'essentiel n'est pas dans les faits ni les «ismes», mais dans l'expérience personnelle. La méditation est un état dans lequel on glisse, un peu comme on glisse dans le sommeil et, de même que celui-ci peut être un léger somme ou un sommeil profond, peuplé ou non de rêves, de même la méditation peut se vivre à différents niveaux et revêtir diverses formes, plus ou moins intenses. Sa nature même échappe à toute définition, mais on peut la décrire comme un état supérieur de conscience dans lequel les processus normaux de la pensée sont transcendés.

La méditation provoque une dilatation de la conscience, un élargissement de l'espace, un calme intérieur profond, ainsi qu'un sentiment d'intemporalité et de présence dans l'instant. Comme l'a exprimé le maître bouddhiste tibétain Chogyam Trungpa, méditer, c'est être «entièrement dans le moment présent». Quand vous entrez pour la première fois dans un état de méditation profonde, vous éprouvez souvent le sentiment de redécouvrir qui vous êtes et ce que vous avez toujours su : votre vraie nature. C'est pourquoi, lorsqu'on évoque la méditation, on parle aussi d'«état originel» ou de «se retrouver».

La méditation est une pratique

La difficulté avec les descriptions et les définitions de la méditation, c'est que, à moins de les vivre de l'intérieur, elles ne signifient pas grand-chose. La méditation consiste à être plutôt qu'à faire, même si, paradoxalement, pour expérimenter cet état vous devez «faire» quelque chose (vous trouverez un exemple de pratique de méditation page 32).

Peu de gens, à part les méditants avancés, entrent facilement en eux-mêmes et trouvent naturellement le calme intérieur. La grande majorité d'entre nous est obligée d'utiliser des techniques pour apaiser l'esprit et entrer en méditation. Quand nous nous asseyons en posture de méditation, que nous nous efforçons de diriger notre attention, avec ou sans l'aide d'une technique particulière, quand nous essayons de laisser aller nos pensées sans nous y attacher, nous pratiquons la méditation. Même si nous avons l'impression que rien ne se passe et que, au lieu de s'apaiser, notre esprit est assailli d'une multitude de pensées, le travail intérieur se poursuit. Patience et persévérance conduiront tôt ou tard à un état de méditation profonde.

En fait, même ceux qui ne pratiquent pas la méditation éprouvent parfois, de manière fugace et spontanée, des états méditatifs. Cela se produit en général quand la personne est très détendue, qu'elle est en contact avec la nature ou qu'elle est complètement absorbée dans une activité, à l'exclusion de toute autre. Le pouvoir de la musique, par exemple, est bien connu pour favoriser de tels états. Les principes de la relaxation et de l'attention forment la base des nombreuses techniques de méditation qui recommandent de fixer l'esprit sur une pensée ou un objet unique. Cela peut être n'importe quoi : le bout de votre nez, un pétale de rose, le parfum du jasmin, le son d'une corde de guitare, le sentiment d'amour ou l'image d'une divinité. Le souffle ou un mantra, parfois les deux ensemble, sont souvent utilisés en méditation car ce sont des méthodes universelles qui réussissent pour la plupart des gens. Le sage indien Patañjali, qui a procédé à la classification des différentes formes de yoga, définit la méditation comme «un flot continu, régulier, d'attention dirigée vers un même point ou une même région». Quand notre esprit est complètement absorbé dans l'objet de notre attention, la méditation survient spontanément.

Cela demande une certaine pratique. Quand nous commençons à méditer, au début, c'est parfois un choc de constater le désordre de notre esprit. La plupart des gens sont incapables de fixer leur attention plus de quelques secondes avant de se laisser entraîner bien loin, dans une succession de pensées et de bavardages mentaux : ils pensent à leur travail, aux personnes de l'entourage, ils se repassent de vieux scénarios ou en inventent de nouveaux, tiennent des conversations imaginaires, échafaudent des plans. La réaction fréquente, mais erronée, consiste à vouloir maîtriser son esprit par la force. On découvre vite que cela ne sert à rien. L'esprit est pareil à un singe et use de toutes sortes de malices pour nous distraire. On raconte qu'un joueur de sitar réputé qui avait du mal à méditer implora l'aide du Bouddha. «Tu es un grand musicien, lui répondit ce dernier. Comment accordes-tu ton instrument?» Le joueur de sitar expliqua que, pour produire un son aussi mélodieux

que possible, les cordes ne devaient être ni trop tendues ni trop lâches. «De la même façon, dit le Bouddha, il ne faut ni contrôler exagérément l'esprit, ni le laisser vagabonder.» L'art de la méditation consiste à trouver cet équilibre délicat : relâcher l'esprit sans laisser s'installer l'anarchie. Méditer, c'est ramener tranquillement, de manière détendue, notre attention sur l'objet de la méditation chaque fois que nous constatons qu'elle s'en est éloignée. Il est important de comprendre, cependant, que la technique n'est pas une fin mais un moyen. L'essentiel, dans la pratique de la méditation, ce n'est pas de se préoccuper d'une pensée ou d'un objet particuliers, mais d'entrer en méditation. Les différentes techniques ne sont que des chemins vers la dimension intérieure, utiles tant que vous en avez besoin.

La méditation est un processus

Avec une pratique régulière, nous éliminons les pensées et les émotions qui nous empêchent d'accéder à notre paysage intérieur et nous commençons à entrevoir une réalité différente. La méditation peut nous faire vivre toutes sortes d'expériences : lumières, visions, intuitions, sentiments d'amour ou de félicité, sensation d'énergie s'écoulant dans tout le corps, souvent au niveau de la colonne vertébrale, modifications du souffle ou mouvements physiques spontanés, et brefs instants d'illumination. Ce sont des signes de progrès, mais ils risquent de nous distraire ou de nous ramener en arrière si nous nous y accrochons.

La méditation ne consiste pas seulement à faire quelques expériences, aussi spectaculaires soient-elles. Il s'agit de transformation intérieure. À force de nous immerger régulièrement dans les eaux tranquilles de notre espace intérieur, nous devenons progressivement plus calmes et plus centrés dans notre vie de tous les jours. Nous nous remettons plus vite des échecs. À un niveau plus profond, comme nous le verrons plus loin dans le chapitre « Les bienfaits de la méditation » (pages 35-44), nous entrons dans une nouvelle relation avec notre conscience et découvrons peu à peu des aspects de nous-mêmes jusque-là cachés ou bloqués. Les chaînes invisibles des pensées inconscientes qui nous emprisonnent et nous conduisent sans cesse à répéter les mêmes vieux schémas de comportements, tel un tigre qui tourne en rond dans sa cage, disparaissent à la lumière de la conscience. La méditation est un processus de purification intérieure qui nous pousse à sortir de nos habitudes. Au fur et à mesure que se modifie notre espace intérieur, la base sur laquelle nous avions fondé notre vie change aussi.

Lama en méditation dans les montagnes de l'Inde.

Où est la sagesse que nous avons perdue dans le savoir ?

Où est le savoir que nous avons perdu dans les connaissances ?

Le Roc, T. S. Eliot

Peinture votive jaïn du XVIIᵉ siècle, originaire du Rajasthan, utilisée comme support de méditation.

La lecture et l'étude ne suffisent pas à nous enseigner la méditation, quelle que soit l'étendue de notre intelligence et de nos connaissances. Cela est vrai, que nous décidions de méditer pour améliorer notre santé et nous relaxer, pour notre croissance personnelle et pour trouver la paix de l'esprit, aussi bien que pour la dimension spirituelle de cette discipline. Les maitres de méditation et de yoga ont toujours souligné la primauté de la pratique sur la

Pratique et théorie

théorie, et c'est d'autant plus vrai que nos buts sont élevés. De nombreux mystiques ont pris des distances non seulement avec les textes sacrés de leur religion comme moyen de découvrir les vérités éternelles, mais aussi avec l'ensemble des rites et des traditions.

Pour vous faire une idée de la méditation, choisissez un endroit tranquille où vous ne serez pas dérangé et consacrez quelques minutes à devenir totalement présent dans l'instant, en suivant l'exercice proposé ci-contre. Maintenir votre attention sur le souffle vous aidera à rester présent et conscient.

Il va sans dire que la capacité à entrer en méditation profonde demande de la pratique, mais il n'est pas rare qu'un débutant en fasse l'expérience. Aborder la méditation avec enthousiasme peut apporter des résultats rapides et puissants. De même qu'une œuvre d'art vous procure plus de plaisir si vous la regardez vraiment et si vous vous en imprégnez que si vous visitez un musée par obligation, de même vous tirerez beaucoup plus de bien-être et de joie de la méditation si vous la pratiquez avec plaisir et curiosité et non comme une tâche de plus parce que c'est « bon » pour vous.

Laissez de côté les attentes – elles sont restrictives –, restez aussi ouvert que possible et acceptez tout ce qui se passe : c'est cela votre expérience personnelle de la méditation. Évitez le jugement. Il n'y a pas de bonne ni de mauvaise méditation. Détendez-vous et profitez de ce moment.

Exercice de méditation

Lisez l'ensemble des instructions une fois ou deux avant de commencer. Vous pouvez aussi les enregistrer, mais veillez à laisser des plages assez longues entre deux. Vous pouvez également régler un minuteur sur quinze minutes, ou plus si vous avez déjà l'expérience de la méditation.

Asseyez-vous confortablement, jambes croisées, dans la position de votre choix, ou sur une chaise si vous préférez, jambes décroisées et les pieds bien à plat sur le sol. Redressez le dos, la tête et le cou, mais sans crispation. Rentrez le menton et posez les mains contre votre abdomen ou sur vos cuisses. Le poids de votre corps bien centré sur vos fesses, sentez la pression exercée sur les ischions (les os des fesses), ainsi que votre colonne vertébrale qui s'allonge, comme si une ficelle invisible vous tirait, du coccyx au sommet de la tête, vers le plafond. Un coussin placé sous les fesses pour relever les hanches vous aidera à maintenir le dos droit et à accroître le flux d'énergie qui circule à travers le corps.

Maintenant fermez les yeux et, quand vous le voudrez, portez votre attention sur votre corps. Notez ce qu'il ressent. Où se situe votre centre de gravité? Sentez le contact de votre corps avec le sol ou la chaise. Observez toute sensation de chaleur ou de froid. Comment sentez-vous vos vêtements contre votre corps? Sont-ils serrés et gênants, ou légers et confortables?

Passez en revue votre corps pour détecter les zones de tension; respirez pour vous relaxer : l'inspiration laisse pénétrer l'énergie, l'expiration chasse les tensions. Notez les courants d'énergie qui traversent votre corps quand vous inspirez et expirez.

Restez conscient de votre respiration sans modifier son rythme naturel; observez les différentes sensations quand le souffle pénètre dans votre corps et en ressort. Continuez à avoir conscience de votre respiration. Imaginez que vous vous absorbez dans votre souffle.

Tout en restant centré sur votre respiration, observez les pensées et les images qui surgissent et laissez-les passer, comme des nuages dans le ciel, sans vous y accrocher. Prenez conscience de vos sentiments et de vos émotions, sans jugement. Si votre esprit vagabonde, ramenez doucement votre attention sur votre souffle, sans essayer de chasser vos pensées ou vos fantasmes. Revenez toujours à votre respiration, soyez tout entier dans votre souffle.

À la fin de la séance, ouvrez lentement les yeux et restez assis tranquillement pendant quelques instants.

La méditation est la base de tout travail intérieur.

Swami Durgananda

Avant que des études ne confirment ses effets bénéfiques sur le plan physique et mental, la méditation a toujours été pratiquée dans un but spirituel : quête de vérités éternelles, de bonheur durable et de paix de l'esprit. En dehors de toute croyance ou système de valeurs, elle promet des réponses à des questions millénaires :

qui suis-je ? pourquoi suis-je ici ? où vais-je ?

Les bienfaits de la méditation

Si l'on connaît les effets étonnants de la méditation – amélioration de la santé, diminution du stress, de l'anxiété, de la colère et de la dépression, augmentation de l'énergie et de la créativité, de la confiance en soi et de l'estime de soi –, les raisons de méditer sont variées. On s'y met généralement pour se relaxer et lutter contre le stress, mais une pratique régulière entraîne souvent une modification subtile des buts visés, qui s'élargissent et s'orientent vers plus de spiritualité.

Quelles que soient vos intentions, et toute raison de méditer est bonne, il est important de les clarifier et de vous fixer des objectifs. Votre expérience de la méditation sera très différente selon que vous souhaitez simplement vous relaxer ou que vous recherchez l'illumination et la transformation intérieure. Clarifier vos buts et vos intentions dynamisera le processus et vous aidera à pratiquer la méditation de manière plus efficace.

Le paradoxe de la méditation, c'est que si nous la pratiquons pour atteindre des objectifs, en revanche lutter pour obtenir des résultats est contre-productif. S'il est important de clarifier nos intentions, quand nous pratiquons nous devons les laisser de côté et nous laisser aller à l'expérience, sans attentes particulières. Les attentes nous éloignent en effet de notre but au lieu de nous en rapprocher.

Il a été prouvé que la méditation peut contribuer
à soulager toutes sortes de maux engendrés par l'esprit,
de l'anxiété aux maladies de cœur.   Dᵣ Malcolm Carruthers

Bienfaits thérapeutiques

Les bienfaits de la méditation sur la santé sont bien connus et trop nombreux pour que nous puissions les étudier en détail dans le cadre de cet ouvrage. Citons les principaux :

● **Renforce le système immunitaire**

Des études récentes ont permis de découvrir que la méditation peut nous aider à lutter contre la maladie en renforçant notre système immunitaire. Des tests effectués sur des volontaires ayant médité pendant huit semaines ont prouvé que ces personnes produisaient plus d'anticorps que les autres, ce qui permet de penser que l'état de conscience et de relaxation éprouvé au cours de la méditation aide le corps à se réparer.

● **Soulage le stress et les maladies liées au stress**

La méditation a été qualifiée de «réaction de détente» car elle contrebalance la réaction de «lutte-fuite» en stoppant le flux d'hormones libérées dans le corps quand nous nous sentons menacés ou stressés. Le stress est un mécanisme de survie essentiel, la réaction physiologique naturelle à une stimulation, qui nous permet de prendre des décisions rapides et d'agir efficacement. C'est seulement quand la pression ne retombe pas et que nous sommes continuellement stressés que cela devient préjudiciable. Un stress prolongé perturbe le système immunitaire et met à rude épreuve le système cardio-vasculaire. La liste des maladies qu'il provoque est longue : hypertension, troubles cardiaques, certaines formes de cancers et diverses maladies infectieuses comme le simple rhume. Le stress est également responsable des migraines et des insomnies, des abus d'alcool et de drogue, et joue un rôle dans les problèmes émotionnels et psychologiques, tels que l'anxiété, les attaques de panique et la dépression.

La méditation est un puissant antidote contre le stress, qui inverse les modifications biochimiques provoquées par le flux d'hormones déclenché par le stress. En stoppant ce flux, la méditation soulage les effets néfastes du stress chronique et rétablit l'équilibre naturel de l'organisme.

● **Ralentit le processus du vieillissement**

Rien ne peut garantir à l'être humain la jeunesse éternelle mais, s'il existe un élixir de vie, c'est bien la méditation. Non seulement elle diminue le stress, l'un des principaux responsables du vieillissement prématuré, mais un test mesurant la tension, l'audition et la vue a révélé que les résultats moyens, chez des sujets pratiquant la méditation depuis moins de cinq ans, étaient égaux à ceux de personnes plus jeunes de cinq ans, tandis que les sujets méditant depuis cinq ans ou plus présentaient des résultats qu'on aurait pu attendre s'ils avaient eu douze ans de moins que leur âge réel. La méditation a aussi des effets sur l'apparence physique. Se relier à son être intérieur donne un éclat qu'aucune crème de beauté ne peut procurer et, à mesure que le stress disparaît, le front devient plus lisse, le teint plus frais, l'expression plus juvénile.

● **Augmente la créativité et améliore les performances**

La méditation apporte une amélioration dans tous les domaines de l'activité mentale : rapidité de réaction, clarté de pensée, créativité, compréhension, productivité, attention. Les conséquences sur le plan professionnel et personnel sont évidentes : meilleure réussite au travail et vie privée plus satisfaisante.

● **Bien-être émotionnel**

Conscience de soi, confiance en soi, estime de soi augmentent chez les méditants, qui se sentent plus heureux et plus équilibrés sur le plan émotionnel. Les relations avec les autres s'améliorent aussi puisqu'une conscience accrue permet de calmer les tensions avant qu'elles n'explosent.

Comme nous l'avons dit, les objectifs que vous vous fixez affectent votre expérience de la méditation. Plus ils sont élevés, plus intense sera le processus de purification, tout comme les difficultés relationnelles, qui risquent de s'aggraver avant de changer et de s'améliorer. Le fait de méditer ne signifie pas que la relation tendue que vous entretenez avec votre fille en pleine crise d'adolescence se transformera du jour au lendemain. Mais cela vous amènera à mieux communiquer et à accepter les gens tels qu'ils sont et non tels que vous voudriez qu'ils soient.

La rose représente le cœur, ou centre mystique, qui symbolise la perfection et la plénitude.

Lâcher prise

Une histoire zen raconte qu'un maître et son disciple, voyageant à pied, suivaient une route qui traversait une rivière. Il avait beaucoup plu et sur la rive ils rencontrèrent une belle jeune fille vêtue d'un kimono de soie, qui pleurait parce qu'elle ne pouvait pas traverser la rivière en crue. Le maître souleva la jeune fille et traversa la rivière en la portant dans ses bras.

Il la déposa sur la rive opposée et les deux moines continuèrent leur voyage en silence. Le soir, le jeune moine ne put se contenir plus longtemps : «Maître, pourquoi avez-vous fait cela? Nos vœux nous interdisent de toucher une femme! »

« Je l'ai laissée là où je l'ai déposée, sur la rive, répondit le maître, et toi, tu continues à la porter. »

Purification intérieure

La méditation est un puissant remède contre les maux du corps et de l'esprit, qui nous permet d'aiguiser notre perception et notre créativité. Mais le véritable miracle réside dans son pouvoir d'entraîner une transformation personnelle et une liberté intérieure.

Dans la méditation, nous entrons en contact direct avec notre conscience, nous découvrons souvent des aspects de nous-mêmes assoupis ou réprimés depuis longtemps. La première chose à laquelle nous nous confrontons en tournant notre attention vers l'intérieur est notre esprit, avec sa multitude de pensées et son bavardage incessant. Au début, cette couche externe peut paraître impénétrable et envahissante, c'est pourquoi les maîtres de méditation ont accordé une attention particulière à la façon de calmer l'esprit et ont élaboré toutes sortes de méthodes. Les techniques de méditation nous apprennent à naviguer dans le brouillard des images, rêveries et dialogues et à nous familiariser peu à peu avec notre paysage intérieur. En même temps, nous commençons à fouiller plus profond. Au fur et à mesure que la méditation nous entraîne dans les coins et recoins de notre esprit, révélant des pensées et des émotions enfouies, nous voyons surgir des habitudes et des préjugés profondément ancrés, des sentiments désagréables et parfois intenses. Les sentiments violents de perte, de chagrin, de colère, de souffrance, etc. qui émergent au cours de la méditation indiquent souvent qu'un nettoyage émotionnel ou mental est en train de se faire. Ces émotions remontent progressivement et envahissent la conscience. Si nous continuons à méditer régulièrement et si nous résistons à la tentation de réprimer ces sentiments, il nous est plus facile de les laisser passer et cela nous évite d'être submergés par eux.

Ainsi s'instaure un processus subtil de purification intérieure, à mesure que la méditation balaie les couches successives de résidus inconscients : blocages, névroses, fausses images de soi, illusions de grandeur, insécurités, espoirs, peurs et émotions refoulées. En nous libérant de nos démons intérieurs, nous commençons à agir à partir d'un espace différent, l'espace ouvert et dépouillé de la vérité.

Pour parvenir à une transformation personnelle authentique et durable, il est essentiel de méditer régulièrement et de faire un effort conscient pour intégrer dans votre vie de tous les jours les instants de compréhension et de paix qui en découlent. C'est pourquoi les maîtres de méditation conseillent de rester tranquille quelques minutes après une séance de méditation pour que l'expérience pénètre tout votre être et reste présente dans votre esprit quand vous vaquez à vos activités quotidiennes.

Ô comment pourrai-je jamais
    exprimer ce nom secret ?
Ô comment puis-je dire :
    Il n'est pas comme ceci, et :
    Il est comme cela ?
Si je dis qu'Il est à l'intérieur
    de moi, l'univers se sent honteux ;
Si je dis qu'Il est à l'extérieur
    de moi, c'est un mensonge.
Par Lui, les mondes intérieur
    et extérieur deviennent
    indivisiblement un ;
Il s'appuie à la fois sur le conscient
    et sur l'inconscient.
Il n'est ni visible ni caché,
    Il n'est ni révélé ni non révélé ;
Il n'y a pas de mots pour dire
    ce qu'Il est.

Kabir

L'illumination spirituelle

Le but ultime de la méditation n'est pas de devenir mieux portant, plus calme ou plus empreint de spiritualité, mais de comprendre la vérité de notre être réel. L'expérience du Soi – l'Un, le Vide, l'Absolu, Dieu, la Conscience Suprême, ou tout autre nom que nous choisissons de lui donner – peut se produire spontanément, parfois sous l'effet de la musique ou de la nature. Mais le plus souvent elle est liée à des pratiques spirituelles, dont la plus efficace est sans doute la méditation.

Indéniablement, la capacité de revenir encore et encore au Soi jusqu'à ce qu'il s'imprime de façon indélébile dans votre conscience et imprègne tout votre être est le fruit de la persévérance. Même si la manifestation du Soi ne peut jamais être forcée, la méditation crée les conditions optimales pour qu'elle survienne. Méditer calme l'esprit et c'est dans ce calme que se révèle le Soi, de la même façon que le monde des profondeurs marines se révèle sous la surface des eaux transparentes quand les vagues se sont apaisées.

D'après les sages, notre essence est une conscience d'être, pure, intemporelle, et heureuse par nature. Seule notre conception limitée de nous-mêmes – l'idée que nous sommes seulement un corps, une masse de pensées ou un ensemble de traits distinctifs – obscurcit notre vision et nous empêche de voir notre vraie nature. De même que l'étendue de ciel bleu au-dessus des nuages est infinie, de même, au-dessus des nuages de pensées, de sentiments et d'émotions qui flottent sur notre écran intérieur, se trouve l'espace illimité de la pure conscience qui est notre essence.

Le but de la méditation est de nettoyer et d'éclaircir notre vision intérieure jusqu'à ce qu'elle nous reflète tels que nous sommes réellement.

Car, si un miroir ne reflète rien, à quoi sert-il ?
Sais-tu pourquoi ton miroir ne reflète rien ?
Parce que sa surface n'a pas été nettoyée de sa rouille.
S'il était purifié de toute rouille et de toute souillure,
Il refléterait l'éclat du soleil de Dieu.   Djalal al-Din Rumi

Grâce à la méditation, nous devenons conscients de la nature et du fonctionnement de notre esprit, qui se purifie à mesure que nous progressons. Les couches de pensées, de sentiments, d'habitudes et de conditionnements, qui contrôlent notre vie à notre insu et nous cachent notre être intérieur, se dissipent quand nous les amenons à la conscience. Une fois libérés des désirs autrefois inconscients, nous ressentons un plus grand bien-être, un calme intérieur et, souvent, une formidable poussée d'énergie. Le bavardage intérieur s'apaise et nous cessons de nous identifier à notre corps et à notre esprit. Quand nous abandonnons l'idée que nous ne sommes qu'un corps ou un esprit, le Soi surgit soudain, sans effort, et nous remplit d'un sentiment de joie et d'exultation. Nous sommes dans l'espace de la pure conscience, de la vibrante tranquillité, qui est le cœur et la source de notre être. Les limites de notre moi se confondent avec l'infini et nous faisons l'expérience de l'unité essentielle de toutes choses.

Parce que la conscience est, de par sa nature même, très subjective, l'expérience mystique du Soi, dans laquelle nous transcendons la conscience ordinaire et comprenons que nous sommes la réalité suprême, ne se prête pas à des vérifications scientifiques. Pourtant, ceux qui font l'expérience de ces états transcendantaux ne les mettent jamais en doute et estiment qu'ils leur révèlent des vérités d'une réalité supérieure à celle de notre vie ordinaire. Un sentiment d'évidence accompagne souvent ce genre d'expérience, même quand ces états sont fugaces ; et le fait d'entrevoir, même brièvement, la vérité de notre nature essentielle peut changer radicalement notre manière de percevoir la réalité et entraîner des changements radicaux dans notre mode de vie.

Bien que l'expérience mystique défie toute description, les sages ont toujours trouvé des façons d'évoquer la vérité, et les poètes de l'extase y font souvent allusion dans leurs œuvres. L'expression des révélations mystiques dans la littérature, l'art et les textes sacrés varie selon les cultures, mais il s'agit de phénomènes universels qui constituent l'essence de toutes les religions. L'illumination est un état d'éveil total mais, parce qu'elle est l'union des contraires, les descriptions qui en sont faites semblent pleines de paradoxes. Elle est vécue comme un vide (dans le bouddhisme, notamment), mais un vide plein par lequel on se sent comblé. Il s'agit d'un état de calme absolu, mais vibrant d'énergie. Le sujet et l'objet, celui qui sait et ce qui est su, se confondent tout en restant distincts. Et surtout, l'expérience du Soi est vécue comme pur amour et félicité.

Le cœur est le centre de tous les lieux sacrés.
Va et parcours-le.   Bhagavan Nityananda

Le cœur de la méditation

Nombre de traditions sacrées considèrent le cœur comme le siège symbolique de l'illumination et de l'amour. C'est la force de l'amour qui nous ramène à notre source et, dans l'espace central du cœur, l'éveil se produit quand nous nous trouvons face à face avec le Divin. Le vrai voyage spirituel est le voyage à l'intérieur de nos cœurs, qui s'achève quand nous avons atteint la pleine conscience de Dieu ou du Soi.

Comme la rose en Occident, le lotus représente le cœur, ou centre spirituel, dans de nombreuses traditions d'Orient. La beauté de la fleur de lotus émergeant de la boue symbolise l'adepte qui vit dans le monde sans être souillé par lui.

Quel merveilleux lotus, celui qui fleurit au cœur
    de la roue de l'univers ! Seules quelques âmes pures
    en connaissent le véritable enchantement.
Il est entouré de musique, et alors le cœur participe
    à la joie de la Mer Infinie.
Kabir dit : « Plongez-vous dans cet Océan de douceur ;
    et laissez s'enfuir toutes les illusions de la vie
    et de la mort. »   Kabir

Le déploiement des pétales de lotus symbolise l'éveil spirituel.

Exercice de méditation : entrer dans l'espace du cœur

Lisez l'ensemble des instructions une fois ou deux avant de commencer. Vous pouvez aussi les enregistrer, mais veillez à laisser des plages assez longues entre deux. Vous pouvez également régler un minuteur sur quinze minutes, ou plus si vous avez déjà l'expérience de la méditation.

Asseyez-vous confortablement, jambes croisées, dans la position de votre choix, ou sur une chaise si vous préférez, jambes décroisées et les pieds bien à plat sur le sol. Redressez le dos, la tête et le cou, mais sans crispation. Rentrez le menton et posez les mains contre votre abdomen ou sur vos cuisses. Le poids de votre corps bien centré sur vos fesses, sentez la pression exercée sur les ischions (les os des fesses), ainsi que votre colonne vertébrale qui s'allonge, comme si une ficelle invisible vous tirait, du coccyx au sommet de la tête, vers le plafond. Un coussin placé sous les fesses pour relever les hanches vous aidera à maintenir le dos droit et à accroître le flux d'énergie qui circule à travers le corps.

Fermez les yeux et pendant quelques minutes détendez votre corps en utilisant la respiration : à l'inspiration, l'énergie vous pénètre, à l'expiration vous évacuez les tensions. Portez ensuite votre attention sur l'espace du cœur – pas l'organe lui-même, mais le centre subtil, dans la région du cœur, où nous ressentons les émotions, et notamment l'amour. Sans modifier le rythme naturel de votre respiration, inspirez et expirez dans le centre du cœur, et observez les sentiments et les sensations qui surgissent. Si votre attention vagabonde loin du cœur, ramenez-la doucement au centre, mais sans chercher par la force à écarter les pensées.

Quand vous êtes centré dans l'espace du cœur, sentez-vous entouré par l'amour qui pénètre chaque pore de votre être, de l'extérieur vers l'intérieur. En continuant de respirer dans votre cœur, soyez conscient que l'amour pénètre en vous à chaque inspiration. Lorsque vous expirez, sentez que l'amour irradie du centre de votre cœur vers chaque particule de votre corps et enveloppe votre esprit et votre conscience, jusqu'à ce que vous soyez entièrement rempli d'amour.

Laissez toutes vos pensées et vos sentiments flotter dans ce bain d'amour, à l'intérieur et autour de vous, jusqu'à se fondre dans le vaste océan d'amour qui constitue la base de l'univers.

À la fin de la séance, ouvrez lentement les yeux et restez assis pendant quelques instants, pour vous imprégner des effets de la méditation.

ORIGINES de la MÉDITATION

2

Malgré les différences de noms et de formes
dont usent les diverses religions, la vérité ultime
qu'elles désignent est la même.   Dalaï-Lama

Depuis la nuit des temps, les pratiques de méditation ont servi à révéler le potentiel spirituel inné qui réside au cœur de tout être humain. Nous trouvons des preuves écrites de ces pratiques dans le *Rigveda*, le plus ancien des textes de l'Inde, composé vers le Xe siècle av. J.-C., mais les premiers méditants étaient sans doute des chamans ou des sorciers de l'âge de pierre, censés posséder des pouvoirs surnaturels obtenus par des états de transe ou d'extase et utilisés pour soigner, prédire l'avenir et faire des prophéties.

Au cours des siècles, toutes sortes de techniques de méditation, des plus simples en apparence aux plus ésotériques, se sont développées en contrepoint des divers systèmes philosophiques et religieux. Malgré leurs différences, la réalité ultime à laquelle toutes font allusion, qu'on l'appelle nirvana, Dieu, l'Absolu, le Vide ou Brahman, est la même dans son essence. On peut considérer les traditions sacrées et les techniques de méditation qu'elles proposent comme des itinéraires menant à la découverte de l'espace intérieur. Il y a des autoroutes et des petits chemins, des routes rapides, directes, d'autres plus touristiques, avec maints détours, et certaines peuvent sembler des impasses. Mais toutes les traditions établies et leurs pratiques nous rapprochent de la vérité et nous aident à accueillir la grâce. Les voies qui nous attirent et que nous empruntons sont déterminées par notre culture, notre personnalité, et même le destin. Toutefois, malgré ses origines religieuses et métaphysiques, la pratique actuelle de la méditation n'implique pas nécessairement l'acceptation d'une quelconque croyance.

En fait, même si la méditation est généralement enseignée dans le cadre d'un système religieux ou philosophique, mieux vaut laisser ses croyances de côté pendant la méditation, qui a pour but l'expérience directe de la vérité et non l'endoctrinement. La méditation dépasse les croyances contradictoires et pénètre au cœur même de la religion. Traditions et techniques existent pour nous mener au seuil du royaume intérieur et ouvrir la porte qui conduit au cœur de notre être, là où nous rencontrons la Vérité, quel que soit le nom que nous lui donnons.

La diversité des traditions sacrées et l'unité de leur essence ont été illustrées par le mystique indien du XIXe siècle Ramakrishna, à l'aide d'une parabole sur le liquide transparent, sans couleur et sans goût qui sert à étancher notre soif et qui est essentiel à la vie. En hindi il se nomme *pani*. Ce même liquide s'appelle *eau* en français, *water* en anglais, *agua* en espagnol. De même qu'il porte un nom différent dans chaque langue, de même chaque culture utilise un récipient différent pour contenir et boire le liquide, qui se répand et s'adapte parfaitement à chaque type de récipient. Ces contenants donnent une saveur spécifique à l'acte de boire. Pourtant, quel que soit le nom que nous lui donnons et le récipient dans lequel nous le mettons, nous nous abreuvons tous à la même source inépuisable. Des adeptes de toutes les religions, chrétiens, musulmans, bouddhistes ou hindouistes, ont atteint la connaissance suprême. Ces âmes éveillées nous apprennent que nous ne pouvons trouver Dieu ni dans les temples, les rituels ou les cérémonies religieuses, ni dans l'étude des textes sacrés. La vérité ultime réside

en nous, et nous ne pouvons la connaître que par l'expérience directe.

Souvent, la seule façon de découvrir la voie qui vous convient le mieux est de tâtonner, mais les changements constants de route risquent de vous stopper, du moins de vous faire progresser lentement. L'évolution spirituelle ne consiste pas à amasser toujours plus d'informations sur les divers enseignements, mais à mettre ceux-ci en pratique.

Cette partie du livre décrit brièvement les traditions dans lesquelles la méditation joue un rôle primordial et d'où sont issues presque toutes les techniques de méditation. Un nombre considérable de ces traditions vient d'Orient puisque, historiquement, la pratique de la méditation y était beaucoup plus

Ce bouddha japonais du XIIIe siècle, assis dans la position du lotus, joint les pouces et les index dans un geste de concentration.

répandue qu'en Occident. L'Inde, en particulier, a donné naissance à plusieurs grandes religions du monde et en accueille quantité d'autres ; elle a créé une immense diversité de pratiques. Pour beaucoup de gens, l'Inde reste le centre spirituel de la méditation et un lieu privilégié de pèlerinage, malgré la prolifération de retraites, d'ashrams et de centres de méditation en Occident. Mais, en fin de compte, le vrai voyage spirituel est intérieur. Comme l'a dit le maître et philosophe Jiddu Krishnamurti, l'éveil a lieu là où vous êtes.

Le yoga, c'est l'extase

Yoga-Bhashya, Vyasa

Ce sceau pashupati trouvé à Mohenjo-Daro, haut lieu de l'ancienne civilisation

de l'Indus, nous offre l'une des premières images connues d'un yogi.

Pour la plupart d'entre nous, le yoga, et notamment le hatha yoga, est un ensemble de postures physiques largement enseignées aujourd'hui, que ce soit dans les clubs de remise en forme, les associations culturelles ou les centres de santé. En fait, le hatha yoga, qui a pour but de purifier et renforcer le corps par la combinaison d'exercices physiques, de techniques de respiration et de pratiques purificatoires, n'est qu'une branche d'un arbre multiforme, et l'aspect physique du hatha yoga n'est traditionnellement qu'une préparation à des techniques de méditation utilisées à un stade plus avancé. L'arbre vénérable et très fécond du yoga, qui continue de produire de nouveaux rameaux, offre une diversité remarquable d'outils et de techniques de transformation personnelle et d'évolution spirituelle.

Le yoga

Le yoga est une tradition spirituelle très ancienne et complexe, née en Inde il y a cinq mille ans. Le témoignage archéologique le plus ancien de cette pratique consiste en une série de sceaux en stéatite datant du troisième millénaire av. J.-C., découverts au cours de fouilles sur le site de Mohenjo-Daro dans la vallée de l'Indus. Sur l'un d'eux figure un personnage identifié comme le dieu Shiva, fondateur mythologique du yoga, assis sur un trône dans une posture de yoga. Shiva est un dieu de l'hindouisme, mais la pratique du yoga existe dans toutes les grandes religions nées en Inde : hindouisme, bouddhisme, jaïnisme et sikhisme. Le yoga est aussi à l'origine des diverses ramifications de ces religions, dont le zen et le bouddhisme tibétain. Même s'il est souvent enseigné et pratiqué dans un contexte religieux, le yoga est cependant plus une discipline spirituelle qu'une religion, et il exige pratique et savoir-faire plutôt que foi et croyance. Ses méthodes peuvent être utilisées au sein de n'importe quelle religion.

Parce qu'il englobe une multitude de disciplines spirituelles, le yoga est difficile à définir. Le mot sanskrit yoga signifie jonction, union – l'union du moi individuel avec le Soi suprême ou Dieu – et l'on retrouve cette racine dans le mot joug, par exemple. Toute voie vers l'unité essentielle pouvant être appelée yoga, de nombreuses branches du yoga sont nées au sein de l'hindouisme et incluent les différents moyens d'atteindre cette union. Ces voies diverses, plutôt que de s'opposer, se recoupent, se mêlent et s'entrecroisent comme les brins d'une corde. Dans son acception la plus large, le yoga est un chemin vers la connaissance de la réalité ultime. En ce sens, le guru indien et le mystique chrétien sont des yogis, au-delà des barrières de la culture et du sectarisme.

On dit que l'on atteint au but suprême quand les cinq sens
et le mental sont au repos, quand l'intellect est inactif.
On entend par « yoga » la ferme domination sur les sens.   *Katha Upanishad*

La première référence écrite aux pratiques de yoga en Inde figure dans les *Veda*, un recueil d'hymnes composés entre 2000 et 3000 av. J.-C. et transmis oralement bien avant d'être couchés par écrit. Mais c'est seulement avec les *Upanishad*, textes postérieurs aux *Veda* et qui complétaient les révélations védiques, que les enseignements du yoga devinrent plus explicites. La philosophie des *Upanishad* est connue sous le nom de *Vedanta*, qui signifie «fin des *Veda*», et la méditation y est considérée comme le principal moyen d'atteindre l'illumination. Les pratiques de yoga exposées dans les *Upanishad* comprennent : le *raja yoga*, la voie royale de la réalisation de soi par la posture, le contrôle du souffle, la concentration et la méditation ; le *mantra yoga*, la voie de la réalisation de soi par la répétition de sons et de syllabes sacrés ; le *hatha yoga*, basé sur la purification du corps physique ; le *laya yoga*, où l'esprit s'absorbe dans des sons et des lumières intérieurs. Proche du *hatha yoga*, le *kundalini yoga* conduit à la réalisation de soi en réveillant notre pouvoir spirituel latent. Tous ces moyens entrent en jeu dans le *tantra yoga*, une approche controversée car elle implique aussi la vénération du principe féminin, en la personne de la déesse Shakti (épouse de Shiva), et des rites sexuels, sous une forme littérale ou symbolique.

Le texte le plus connu et le plus populaire de la littérature indienne sur le yoga et l'hindouisme est la *Bhagavad-Gita* (le Chant de Dieu), composée vers le VIe siècle av. J.-C. Sous la forme d'un dialogue entre le dieu Krishna et le prince Arjuna à la veille d'une bataille, la Gita traite de ce thème essentiel : comment équilibrer responsabilités temporelles et visées spirituelles. Trois voies principales du yoga y sont décrites : le *jnana yoga*, la voie de la connaissance et de la sagesse ; le *karma yoga*, la voie de la réalisation de soi par l'action désintéressée ; le *bhakti yoga*, la voie de la dévotion à Dieu. La *Bhagavad-Gita* a sorti le yoga de son contexte purement ascétique pour en faire une pratique spirituelle accessible à chacun.

L'histoire du yoga a été marquée par l'influence du sage Patañjali qui, au IIe siècle av. J.-C., a réuni les principes du yoga dans les *Aphorismes du yoga*. Le système établi par Patañjali, souvent appelé yoga classique, a été assimilé au *raja yoga*, la voie royale de la méditation, mentionné plus haut. Nous allons présenter en détail cette discipline, ainsi que les autres formes de yoga. Ces divers types de yoga sont complémentaires et, dans la pratique, il est rare de suivre exclusivement une seule technique.

Le dieu hindou Shiva, ascète et yogi par excellence, est souvent représenté avec de longues nattes maculées de cendres et un collier de crânes autour du cou, autant de signes de renoncement. Le croissant de lune dans ses cheveux symbolise la connaissance mystique et le serpent, la *kundalini*, le potentiel spirituel intérieur. Shiva est assis sur une peau de tigre, emblème de son pouvoir, et tient un trident qui figure les trois éléments primordiaux – lucidité, énergie et inertie – dont l'interaction a créé l'univers.

Le yoga consiste à apaiser les vagues de la conscience.   Patañjali

Le raja yoga

Le *raja yoga* ou yoga royal est, comme nous l'avons dit, la discipline décrite par Patañjali dans ses *Aphorismes du yoga*. L'objectif principal de Patañjali est d'indiquer les moyens pratiques pour atteindre l'éveil spirituel, à l'aide d'une série d'exercices progressifs. L'exercice le plus important de tous est la méditation, les étapes préliminaires étant une préparation pour accéder à des stades supérieurs de concentration et de méditation. Le yoga de Patañjali est aussi nommé *ashtanga yoga* (à ne pas confondre avec une forme de hatha yoga très énergique, actuellement en vogue), en référence aux huit étapes de ce chemin vers la transcendance de soi, qui sont les suivantes :

1   **Réfrènements** *(yama)*
     Les cinq règles morales qui forment la base du yoga et sont communes à la plupart des religions, sont : ne pas faire de mal *(ahimsa)*, ne pas mentir *(satya)*, ne pas voler *(asteya)*, ne pas s'adonner à la luxure *(brahmacharya)*, ne pas être avide ou possessif *(aparigraha)*.

2   **Observances** *(niyama)*
     Les cinq règles de conduite, ou attitudes, que doit observer le pratiquant sont : la pureté *(shauca)*, le contentement *(santosha)*, l'austérité *(tapas)*, l'étude *(svadhyaya)* et la dévotion à Dieu ou à la Réalité Suprême, selon la conception que l'on en a *(isvara pranidhana)*.

Ces deux étapes sont communes à toutes les formes de yoga.

3   **Postures** *(asana)*
     Asana est le mot sanskrit pour assise, ce qui indique que les postures de yoga qui nous sont maintenant familières ont été élaborées à partir des positions assises utilisées en méditation. Pour Patañjali, *asana* désigne essentiellement les postures de méditation, car une position stable et confortable qui peut être tenue longtemps est capitale pour une méditation prolongée.

4   **Contrôle du souffle** *(pranayama)*
     Le *prana* est la force vitale qui se propage dans l'individu par l'intermédiaire du souffle, lequel n'en est cependant que la manifestation extérieure. *Prana* et conscience sont intimement liés et, grâce au *pranayama*, ou contrôle du souffle, le yogi insuffle de l'énergie au corps-esprit, stimule la force vitale et prépare l'esprit à méditer. La pratique du *pranayama* implique la régulation du rythme de la respiration, ainsi que la suspension ou rétention du souffle entre l'inspiration et l'expiration. Pendant la méditation elle-même, la respiration doit rester naturelle, à moins que le *pranayama* et la rétention du souffle ne surviennent spontanément.

5   **Retrait des sens** *(pratyahara)*
     Par la posture et le contrôle du souffle, nous empêchons nos cinq sens d'être soumis aux stimuli externes et nous tournons notre attention vers l'intérieur *(pratyahara)*. Toutefois, au moment où nous fermons les yeux, nous sommes confrontés à toutes sortes de stimuli internes –

tensions, gargouillements d'estomac, douleurs dans le dos ou les genoux –, sans compter l'activité mentale et le surgissement de pensées anarchiques! L'étape suivante consiste donc à calmer l'esprit à l'aide de techniques de concentration.

6 Concentration *(dharana)*

Après avoir calmé les sens, il faut apprendre à fixer l'attention sur un point unique *(dharana)*, que ce soit le bout de votre nez ou l'étendue du ciel. Vous pouvez aussi fixer votre attention sur un objet – bougie, fleur ou image d'une divinité – placé à une certaine distance. Au bout d'un moment, vous pouvez fermer les yeux et garder l'image mentale de l'objet. Il est possible aussi de fixer votre attention sur un mantra, sur le centre du cœur ou l'un des autres chakras (centres d'énergie, voir page 170), ou encore sur votre souffle.

7 Méditation *(dhyana)*

Patañjali définit la méditation comme un flux continu d'attention dirigé sur l'objet de la concentration, autrement dit l'absorption de l'esprit dans cet objet. Cette fusion totale de l'esprit avec un seul objet, à l'exclusion de tout autre, est l'instant où se produit la méditation et où le yogi entre dans un état de conscience différent.

8 Extase *(samadhi)*

Quand toutes les vagues ou mouvements de l'esprit sont apaisées par la méditation, le yogi fait l'expérience de l'extase *(samadhi)*. Les trois dernières étapes – concentration, méditation et extase – pratiquées successivement forment un processus continu appelé *samyama.*

Le *samyama* peut conférer des pouvoirs surnaturels, qui sont la preuve de la progression du yogi. Patañjali consacre un chapitre entier à ces phénomènes – capacité de connaître le passé et le futur, de lire dans la pensée d'autrui, etc. – mais avertit des dangers qu'il y a à les utiliser. On dit que ces pouvoirs occultes distraient le yogi et sont un obstacle sur la voie du plein éveil.

Dans le système de Patañjali, la concentration consiste à fixer l'attention sur une région, un point ou un objet situé à l'intérieur ou à l'extérieur du corps, tandis que la méditation est l'état qui survient quand l'objet en question remplit le champ entier de la conscience. La concentration mène donc à la méditation, qui à son tour mène à l'extase. Les points de fixation de l'attention sont le plus souvent les chakras, les sentiments et les émotions, la visualisation de la lumière à l'intérieur de l'un de ces centres, le bout du nez, la flamme d'une bougie ou l'image d'une divinité, mais la liste est infinie et tout peut servir ou presque. Dans la troisième partie du livre, nous étudierons plusieurs techniques compatibles avec le yoga de Patañjali.

Brahman [réalité ultime] est un mantra. *Rigveda*

Le mantra yoga

Le son, qui est au départ une vibration, non seulement influence notre conscience individuelle mais serait la force créatrice qui sous-tend l'évolution de l'univers tout entier. C'est ce pouvoir créateur du son qui constitue la base du mantra yoga, la voie de l'éveil par la répétition de mantras.

Le pouvoir qu'a le son d'affecter la conscience est reconnu depuis les temps les plus anciens. Nous en faisons l'expérience dans notre vie quotidienne à travers le langage, la musique, les sons qui nous entourent et même le « son » du silence. Une cantate de Bach peut nous transporter dans un état sublime, alors que le crissement de la craie sur une ardoise nous hérisse. Les mots, puissante combinaison de son et de sens, ont littéralement la capacité de transformer notre réalité intérieure. Potentiellement destructeur quand il est utilisé contre nous, le langage peut aussi changer radicalement en mieux notre façon de voir les choses : c'est la base de la pensée positive. Les pensées négatives et réductrices, sous la forme d'une petite voix intérieure qui nous dit, de mille manières différentes (et fausses !), que nous sommes nuls peuvent être remplacées par des messages positifs, qu'on appelle des affirmations.

Le mantra, qui signifie instrument de pensée, est un outil utilisé pour transformer l'esprit. Selon une autre définition, c'est ce qui protège ou sauve l'esprit ; on peut donc penser qu'il nous protège et nous conduit au salut. En pratique, le mantra est un son, un mot ou une phrase sacrés, que l'on peut psalmodier tout haut, réciter à voix basse ou répéter mentalement. Même s'il est exprimé physiquement par un son, dans son essence un mantra est la vibration non sonore de la divine énergie qu'il recèle.

Parce que le mantra est une expression de la réalité ultime, sa répétition consciente nous communique les vibrations subtiles de son énergie et nous relie à une conscience supérieure. Éveiller le pouvoir de transformation d'un mantra peut cependant exiger des années de pratique assidue pour celui qui s'y essaie seul. On dit qu'un mantra ne porte pleinement ses fruits que s'il est transmis par un maître éclairé ; son efficacité est alors démultipliée. Pour qu'un mantra soit efficace, il faut fixer l'esprit et diriger l'attention vers l'intérieur de soi, ce qui conduit à des niveaux de conscience de plus en plus élevés et subtils. La répétition silencieuse d'un mantra, popularisée par la Méditation Transcendantale® de Maharishi Mahesh, est l'une des techniques de méditation les plus répandues et, dit-on, la méthode d'éveil la plus facile à notre époque.

La syllabe sacrée om, ici tracée en rouge sur un mur blanc à Kutch, en Inde, est le mantra le plus

célèbre de tous. On dit que c'est le son primordial, ou la vibration, d'où naît l'univers tout entier.

Om symbolise l'Absolu, à la fois dans sa dimension manifeste et non manifeste, représentée

par le point qu'on appelle bindu. Om existerait depuis le début de la création et aurait été révélé

aux sages en profonde méditation. En Inde, il figure au début et à la fin des prières, de la même

manière que le « Amen » des chrétiens. En tant que mantra, il s'utilise soit seul soit combiné

à d'autres syllabes et mots, dont il renforce le pouvoir.

Le hatha yoga

Quand les gens disent qu'ils font du yoga, ils parlent en général
des postures physiques, devenues depuis dix ans un « must » en
matière de santé. Le hatha yoga est enseigné partout et a donné
naissance à tant d'écoles que la plupart des clubs de mise en
forme et centres de yoga proposent maintenant plusieurs styles
de hatha yoga.

Ce qui n'est pas toujours perçu, c'est que le hatha yoga fait
partie d'une discipline spirituelle plus large, la voie de la réalisation de soi par la purification des corps physique et subtil. Le
corps subtil, dont nous parlerons en détail plus loin, est essentiel dans le hatha yoga. Il s'agit d'un corps invisible, énergétique, qui correspond en gros au corps physique à travers lequel
circule la force vitale par un réseau de canaux et de centres. En
fin de compte, en réunissant et en harmonisant les deux aspects
du corps, physique et subtil, le hatha yoga vise à éveiller et acti-
ver la kundalini, l'énergie psychospirituelle endormie, située,
dit-on, à la base de la colonne vertébrale.

Le hatha yoga comporte les quatre premiers stades du raja
yoga (voir plus haut), et la pratique des asanas a toujours été
considérée comme importante, car elle permet d'établir une
base solide pour la méditation tout en fortifiant le corps. L'illumination est un état à la fois physique et mental, et la pratique
du hatha yoga aide le corps à supporter toute la puissance de
cet état transcendantal. Mais bien que, traditionnellement, le
hatha yoga soit considéré comme une préparation au raja yoga
(le texte de référence sur ce sujet, *Hatha Yoga Pradipika*, affirme
que « tous les procédés du hatha yoga ont pour but d'atteindre

Ci-contre : Dans cette posture gracieuse, les fesses sont fermement ancrées dans le sol, ce qui permet à la colonne vertébrale de s'allonger en douceur et de se tourner à partir d'une base stable.

À gauche : La posture du guerrier (*virasana*) renforce et stimule le corps et l'esprit.

la perfection dans le raja yoga »), sa pratique véritable implique une méditation intense. La technique de méditation spécifique du hatha yoga, comme du tantra yoga, est la visualisation (voir pages 157-171). Les pratiquants commencent en général avec un objet « grossier », une bougie allumée par exemple, pour aller vers des objets de plus en plus subtils, comme les chakras décrits et illustrés page 170. À la fin, la visualisation ne nécessite aucun objet extérieur.

Comme d'autres formes de yoga, le hatha yoga s'appuie sur la pratique du *yama* et du *niyana* (voir page 52), qui favorisent une attitude morale et purifient l'esprit. Si ce cadre éthique est négligé et qu'aucune technique de méditation n'est pratiquée, comme souvent en Occident, le hatha yoga risque de se réduire à une simple gymnastique. Néanmoins, parmi ceux qui se mettent au yoga pour soulager leur stress ou tonifier leur corps, beaucoup ressentent peu à peu une sensation de libération physique qui les amène à porter leur attention vers l'intérieur de soi. Le hatha yoga permet de réunir corps et esprit par la maîtrise du souffle, les postures et la méditation. Une façon de réaliser cette union consiste à absorber entièrement votre attention dans le corps quand vous pratiquez, et/ou à visualiser une asana parfaitement accomplie au moment où vous prenez cette posture. Pratiquées de cette manière, les postures du hatha yoga ne sont rien d'autre que la méditation en action. Quand le corps est mû par le souffle et parfaitement aligné, il devient un temple et ses mouvements deviennent méditation, expression de l'esprit qui circule à travers.

Le corps est mon temple et les asanas sont mes prières.

B.K.S. Iyengar

Ci-dessus : Dans cette posture renversée *(paravrtta janu sirsasana)*
réservée aux pratiquants avancés, le corps est étiré sur la jambe,
puis retourné de manière que la nuque repose sur le genou.
À gauche : La posture du triangle *(trikonasana)*, ainsi nommée
à cause de la figure que forme le corps dans cette position,
convient aux débutants.

Les écoles de hatha yoga

Parmi les écoles de hatha yoga les plus connues, citons :

Le yoga d'Iyengar, une forme de yoga très répandue dans le monde, fondée par B. K. S. Iyengar, âgé maintenant de plus de quatre-vingts ans et reconnu pour son rôle prépondérant dans la diffusion du yoga en Occident. Les mouvements sont lents, structurés, très précis ; divers accessoires – supports, coussins, sangles et cordes – sont utilisés pour un alignement correct du corps, et les risques de blessures sont minimes.

Le yoga Sivananda, enseigné dans des centres fondés dans le monde entier par Swami Vishnu Devananda, à la demande de son guru Swami Sivananda. Cette méthode douce répond néanmoins à des exigences élevées ; elle est basée sur une série principale de douze postures et leurs variantes, toujours exécutées dans le même ordre. Respiration, relaxation et méditation sont inhérentes à la pratique du yoga Sivananda.

Le ashtanga yoga, une forme de yoga rapide, athlétique et exigeante sur le plan physique, nommée d'après les huit *(ashta)* parties *(anga)* du système de Patañjali mais qui, en pratique, n'a pas grand-chose à voir avec lui. L'adepte le plus connu de cette méthode est Patabhi Jois, élève de Krishnamacharya, cet enseignant du yoga moderne qui a été aussi le maître et le beau-frère d'Iyengar. Le yoga ashtanga a tendance à attirer des personnes en quête d'une méthode intelligente pour maintenir et améliorer leur forme physique, et compte parmi ses adeptes

Dans la posture du chameau *(ustrasana)*, la colonne vertébrale se courbe en arrière tandis que les hanches sont poussées vers l'avant.

de nombreuses célébrités et des professionnels de haut niveau. Beaucoup d'entre eux découvrent alors que le yoga a sur eux des effets plus profonds que tous les appareils de culture physique, et se mettent à explorer les aspects méditatifs de cette discipline. Bien enseigné, le yoga ashtanga donne d'excellents résultats mais le risque de blessures y est plus élevé que dans d'autres méthodes plus douces et mieux vaut vous abstenir si vous n'êtes pas en bonne forme physique.

Le bikram yoga, une méthode élaborée par Bikram Choudry, qui a été le plus jeune champion de yoga national de l'Inde à l'âge de douze ans. Une grave blessure reçue en pratiquant l'haltérophilie l'obligea à inventer sa propre série de vingt-six postures de yoga, qui contribua à sa guérison. Bikram Choudry s'est installé à Beverly Hills dans les années 1980 et son style de yoga rencontre depuis un immense succès, notamment auprès des célébrités. Ce « guru des stars » aurait lui-même, dit-on, un train de vie luxueux, mais il est reconnu comme un maître des asanas du hatha yoga. Le yoga Bikram, pratiqué par des adeptes peu vêtus dans une pièce chauffée à plus de 40 °C – pour permettre une meilleure détente des muscles et favoriser l'élimination des toxines par la sudation – est également nommé « yoga qui fait transpirer ». Pour le pratiquer, il ne faut pas craindre un entraînement physique rude.

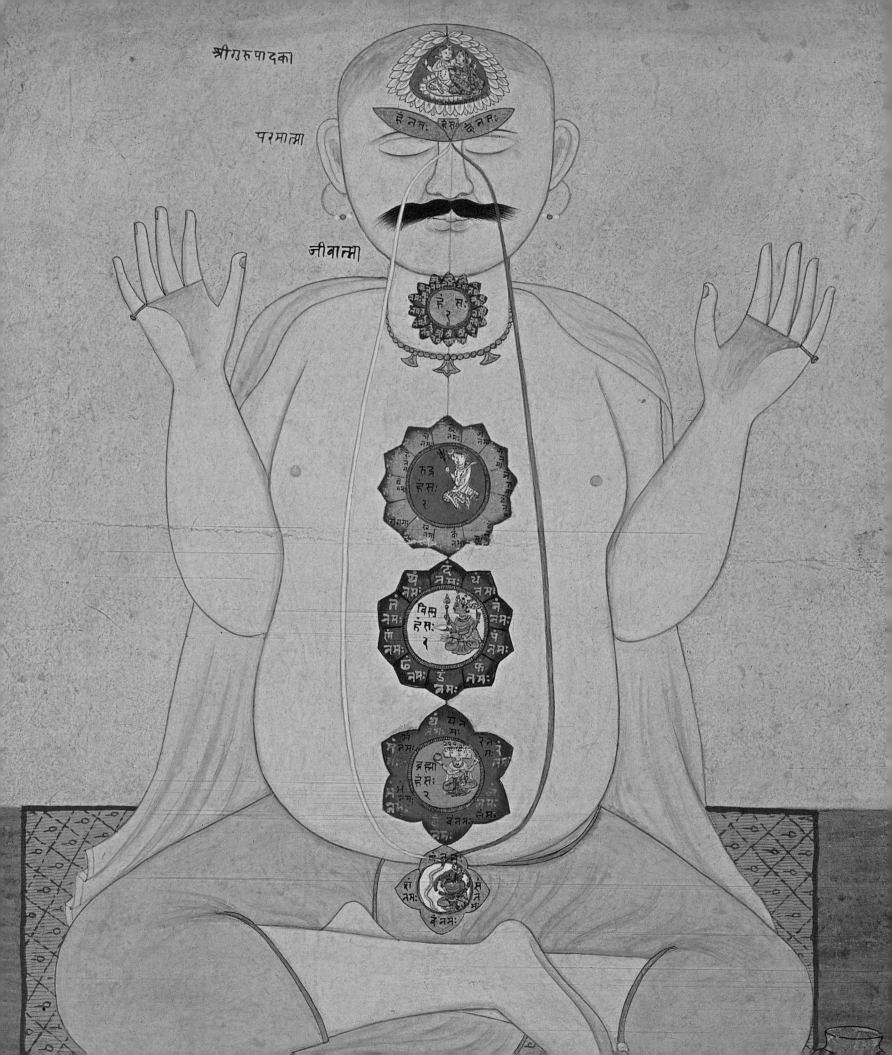

Le corps subtil

La pratique du hatha yoga, du laya yoga, du kundalini yoga et du tantra yoga est basée sur l'idée qu'il existe un pendant du corps physique. Nommé «corps subtil», c'est essentiellement un réseau de courants ou canaux d'énergie *(nadis)* et de centres d'énergie *(chakras)*. Les chakras peuvent être plus ou moins chargés, plus ou moins actifs, et reflètent à la fois notre santé physique et notre état spirituel. L'énergie qui circule dans le corps subtil est appelée *prana*, «force vitale», et se manifeste extérieurement par le souffle, sans toutefois s'identifier à lui. Cette énergie universelle est connue sous le nom de *chi* (en Chine), *ki* (au Japon) et *mana* (en Polynésie). Les kabbalistes parlent de lumière astrale, et le psychiatre Wilhelm Reich a inventé un mot : orgone.

Le canal principal est le *sushumna*, qui suit la colonne vertébrale du périnée au sommet de la tête. Les principaux chakras se situent tous le long de cet axe. De chaque côté du *sushumna*, deux autres canaux importants, nommés *ida* et *pingala*, s'enroulent autour du *sushumna* en formant une sorte de caducée. Ils se croisent aux différents chakras, à l'exception du *sahasrara*, et vont de la base de la colonne vertébrale jusqu'à un point situé entre les sourcils et appelé «troisième œil», pour se terminer à l'ouverture des narines.

Normalement, la force vitale circule à travers l'*ida* et le *pingala*; les chakras assimilent et transforment cette énergie puis la redirigent dans tout le corps. Tant que le prana oscille entre *ida* et *pingala*, l'attention est dirigée vers l'extérieur. Le but des postures et des techniques de respiration du hatha yoga, ainsi que des pratiques spirituelles des yoga laya, kundalini et tantra, est de faire circuler le *prana* le long du *sushumna*, afin de réveiller la kundalini, stimuler les chakras et tourner l'attention vers l'intérieur.

Cette illustration du début du XIXᵉ siècle, qui vient de Himachal Pradesh en Inde, montre les principaux chakras et canaux du corps subtil.

Sahasrara

Ajna

Vishuddha

Anahata

Manipura

Svadhisthana

Muladhara

Les sept principaux chakras

Les chakras sont disposés verticalement le long du sushumna, principal canal d'énergie, et correspondent en gros aux centres nerveux du corps physique, le plexus solaire par exemple. Leur symbolique, riche et imagée, les décrit comme des lotus possédant chacun un nombre différent de pétales, en fonction du nombre et de la position des nadis qui l'entourent. Chaque chakra possède une vibration différente et est associé à différents mantras, éléments et fonctions. Chacun possède aussi ses propres divinités, qui sont autant de manifestations de Dieu. De bas en haut, les chakras peuvent être décrits ainsi :

Muladhara Ce chakra « racine » est situé au niveau du périnée, face à l'anus, et symbolisé par un lotus à quatre pétales. C'est le siège de la kundalini endormie, figurée par un serpent (femelle) enroulé trois fois et demie autour d'un lingam, ou phallus, et dont la gueule ferme l'entrée du sushumna. Ce chakra est associé à l'élément terre, à l'éléphant (symbole de force) et au mantra *lam*. Ses divinités sont Brahma (le Créateur) et la déesse Dakini. Méditer sur la kundalini qui brille à l'intérieur de ce lotus est censé conférer la maîtrise de la parole et l'acquisition de toutes sortes de savoirs, écarter la maladie et procurer la félicité.

Svadhisthana Situé au niveau des parties génitales, symbolisé par un lotus à six pétales, ce chakra est associé à l'élément eau, à l'alligator blanc (symbole de fertilité) et au mantra *vam*. Ses divinités sont Vishnu et Rakini. Méditer sur ce lotus anéantit les six ennemis – luxure, colère, avidité, illusion, orgueil et envie –, libère de l'ignorance et donne la connaissance.

Manipura Situé au niveau du nombril, symbolisé par un lotus à dix pétales, il est brillant comme un joyau, d'où son nom. Il est associé à l'élément feu, au taureau (symbole de passion, d'énergie ardente) et au mantra *ram*. Ses divinités sont Rudra et Lakini. Méditer sur ce lotus donne le pouvoir de détruire et de créer, ainsi qu'une multitude de connaissances.

Anahata Situé au niveau du cœur, symbolisé par un lotus à douze pétales, il tire son nom du son «silencieux», transcendantal, qu'on entend dans le cœur. Il est associé à l'élément air, à l'antilope noire (symbole de rapidité) et au mantra *yam*. Ses divinités sont Isha et Kakini. Méditer sur ce lotus est censé apporter d'innombrables bienfaits, dont : le pouvoir de créer, protéger et détruire, la stabilité d'esprit, une grande capacité de concentration, la maîtrise totale des sens, la prospérité et la chance.

Vishuddha Situé à la base de la gorge, symbolisé par un lotus à seize pétales, il est dit «pur» car méditer sur ce chakra libère de l'impureté. Il est associé à l'élément éther, à l'éléphant blanc (symbole de pureté et de force) et au mantra *ham*. Ses divinités sont Sadashiva et Shakini. Il donne accès à la libération à ceux qui se sont purifiés et ont dompté leurs sens. Méditer sur ce lotus confère éloquence, sagesse, paix de l'esprit, connaissance

du passé, du présent et du futur, et écarte tous vices, maladies et chagrins.

Ajna Le «troisième œil», situé entre les sourcils, est symbolisé par un lotus à deux pétales. C'est le chakra «suprême», celui par lequel le yogi reçoit par télépathie les instructions de son guru. Il est associé au mantra *om*, aux divinités Shiva et Hakini, et c'est le siège de l'esprit subtil. En méditant sur ce lotus, le yogi est censé réaliser son unité avec l'Absolu et jouir d'une félicité constante. Il acquiert aussi des pouvoirs paranormaux tels que l'omniscience.

Sahasrara Ce lotus resplendissant «aux mille pétales», situé au sommet de la tête, représente l'épanouissement de toutes les pratiques spirituelles. C'est le siège de l'illumination totale et de la félicité absolue. Le yogi qui possède la connaissance du sahasrara est libéré du cycle des renaissances et atteint la liberté complète.

La kundalini est la base de toutes
les formes de yoga. Tous les yogas sont
accessibles par l'éveil de la kundalini.

Swami Muktananda

Le yoga kundalini

La kundalini, représentée symboliquement par un serpent enroulé situé à la base de la colonne vertébrale, est le pouvoir spirituel latent présent dans tout être humain. Réveiller la kundalini endormie transforme et dilate la conscience individuelle, et toutes les pratiques spirituelles du kundalini yoga visent cet objectif. Une fois activée – ce qui peut se produire spontanément ou par divers processus d'initiation, ou encore grâce à des efforts personnels et une pratique spirituelle –, la kundalini prend souvent le nom de *shakti*, l'énergie primordiale ou pouvoir créateur. On dit qu'aucun progrès spirituel réel n'est possible tant qu'elle n'est pas réveillée. Une fois cette énergie activée, l'esprit se tourne vers l'intérieur ; la méditation se produit naturellement lorsque la shakti circule le long du vaste réseau de canaux énergétiques appelés *nadis*, nettoyant ces canaux et purifiant le corps et l'esprit, ouvrant la voie à des états supérieurs de conscience.

L'Occident ne savait pratiquement rien de l'éveil de la kundalini avant les années 1970 mais, avec le mouvement hippie et le renouveau de la spiritualité, les gens se sont mis à expérimenter diverses disciplines spirituelles. Les témoignages de personnes ayant vécu l'expérience de l'éveil de la kundalini se sont multipliés. Les phénomènes rapportés sont : mouvements, gestes et postures spontanés, modification du rythme respiratoire, sensation d'énergie circulant le long de la colonne vertébrale et dans d'autres parties du corps, sensation intense de chaleur ou de froid, sons et lumières intérieurs, visions, pouvoirs psychiques, extase, illumination mystique.

L'un des récits les plus détaillés d'une telle expérience se trouve dans le livre *Kundalini – Autobiographie d'un éveil*, de Gopi Krishna, qui médita trois heures chaque matin pendant dix-sept ans :

« Soudain, avec un grondement pareil à celui d'une chute d'eau, j'ai senti un flot de lumière liquide pénétrer dans mon cerveau en passant par la moelle épinière. […] La lumière est devenue de plus en plus vive, le grondement plus fort, j'ai éprouvé une sensation de balancement, puis j'ai senti que je glissais hors de mon corps, entièrement enveloppé dans un halo de lumière. »

Un récit tout aussi frappant figure dans l'autobiographie de Swami Muktananda, *Le Jeu de la conscience* :

« Je me suis assis […] et j'ai pris aussitôt la position du lotus. Autour de moi j'ai vu des flammes se répandre. Tout l'univers était en feu. Un océan brûlant s'était brusquement ouvert et engloutissait la terre entière. Une armée de spectres et de démons m'entourait. Pendant tout ce temps, j'étais figé dans la position du lotus, les yeux clos, le menton appuyé contre la gorge, de telle sorte que pas un filet d'air ne pouvait s'échapper. Puis j'ai ressenti une vive douleur dans le centre nerveux situé dans le muladhara, à la base de la colonne vertébrale. »

Cette sculpture de serpents enroulés symbolisant la kundalini se trouve dans les jardins du temple de Kanchipuram à Tamil Nadu en Inde.

Hommes et femmes se baignent rituellement dans le Gange, à Bénarès, au pied de l'autel du lingam de Shiva, au Gai Ghat. La kundalini est enroulée autour du lingam, ou phallus, qui symbolise le principe créateur. Chez l'homme, la kundalini endormie est représentée enroulée autour d'un lingam intérieur situé dans le chakra muladhara, à la base de la colonne vertébrale.

L'art de réveiller la kundalini et de canaliser l'énergie formidable ainsi libérée est particulièrement développé dans le yoga, mais la kundalini est un principe universel connu sous différents noms et décrits dans les enseignements ésotériques du monde entier. Elle était connue dans l'Égypte ancienne et en Chine, mais restait un secret bien gardé. On trouve des références à des expériences de kundalini dans les textes de la kabbale, de l'hermétisme, de la Rose-Croix et de la franc-maçonnerie, ainsi que dans les œuvres de Platon et d'autres philosophes grecs. De telles expériences existent chez les Amérindiens et les Kung (peuple faisant partie des Bochimans), qui dansent des heures durant pour éveiller le pouvoir du N'Um (kundalini), lequel monte de la base de la colonne vertébrale jusqu'au crâne et les transporte dans un état mystique pouvant être utilisé aux fins de guérison. Les poètes aussi font parfois allusion à la réalité suprême révélée par l'éveil de la kundalini, d'une manière insaisissable pour les non-initiés.

L'éveil de la kundalini peut être une expérience perturbante et terrifiante pour qui n'y est pas préparé. Il vaut donc mieux pratiquer le kundalini yoga sous la conduite d'un maître éclairé. Cette école de yoga utilise plusieurs des techniques du hatha yoga, ainsi que la récitation de mantras et la visualisation des principaux chakras situés le long du sushumna, canal central du corps subtil, qui va de la base de la colonne vertébrale au sommet de la tête (voir pages 64-65). On représente traditionnellement la kundalini montant à travers le sushumna, perçant les chakras (symbolisés par des fleurs de lotus) et terminant son parcours dans le sahasrara (situé au sommet de la tête), inondant le yogi d'une lumière rayonnante. L'objectif du yogi est de faire monter le plus souvent possible l'énergie de la kundalini jusqu'au sahasrara. Une fois la kundalini stabilisée dans ce chakra, le yogi connaît l'illumination. Éveillée, la kundalini est une force intelligente qui, en pratique, circule de façon moins linéaire que dans la description classique, et qui dirige l'évolution spirituelle du yogi de la manière la plus appropriée pour lui.

Le laya yoga

C'est l'une des formes de yoga les plus ésotériques. Le noyau de cette pratique est l'éveil et la manipulation de la kundalini, ce pouvoir psychospirituel endormi, situé à la base de la colonne vertébrale. On peut voir le laya yoga comme le stade le plus élevé du hatha yoga, dont il partage certaines pratiques, tel le pranayama ou contrôle du souffle. Il est proche du kundalini yoga et du tantra yoga.

Laya yoga signifie littéralement yoga de l'absorption ou de la dissolution, et il inclut la méditation sur les chakras et leur symbolisme (voir pages 64-65 et 170) selon un mode précis. Une fois la kundalini activée, divers sons et lumières intérieurs peuvent se manifester, différentes formes de pranayama se produire spontanément, le souffle devenir faible, voire imperceptible. Quand le yogi s'absorbe dans ces phénomènes intérieurs, toute activité mentale disparaît. Il transcende les limites de la conscience ordinaire et atteint la réalisation de soi.

Le tantra yoga

Le tantrisme est un mouvement né au sein de l'hindouisme et du bouddhisme au milieu du premier millénaire, radicalement éloigné de l'ascétisme propre aux autres disciplines spirituelles pratiquées en Inde à l'époque. Les maîtres du tantrisme ont porté la philosophie védantique de la non-dualité à sa conclusion logique, estimant que, s'il n'existe qu'un seul Soi ou une seule Réalité, l'abnégation et le renoncement aux plaisirs terrestres ne sont pas nécessaires. Le tantrisme ne voit aucune incompatibilité entre le sensuel et le spirituel, et utilise largement le symbolisme sexuel.

Le tantrisme, « ce par quoi s'étend la connaissance », est basé sur une pratique intense menant à l'éveil, considéré comme une expérience à la fois physique, mentale et spirituelle. Pour l'atteindre, les exercices du yoga – en particulier des yogas mantra, laya et kundalini – sont essentiels. Les postures du hatha yoga non seulement renforcent le corps physique mais surtout, du point de vue du tantra yoga, elles agissent sur le corps subtil en stimulant les chakras et en ouvrant les canaux. L'éveil de la kundalini ou énergie divine est capital dans le tantra yoga, et l'on y parvient grâce à diverses méthodes de méditation utilisant les mantras, les mudras (gestes), la visualisation des chakras (voir page 170) et des diagrammes mystiques appelés yantras (voir pages 72-73 et 166), souvent représentés dans les œuvres d'art tantriques et similaires aux mandalas (voir page 168) du bouddhisme tibétain.

La vénération d'une déesse symbolisant la puissance créatrice cosmique, ou shakti, est capitale dans le tantrisme ; shakti désigne en fait l'énergie de la kundalini activée. L'apogée du voyage spirituel d'un yogi – l'extase transcendantale – est représenté comme l'union du dieu Shiva et de son épouse Shakti. Cette union, dans laquelle les deux époux fusionnent au point de ne plus sentir de différences entre eux, symbolise la nature non duelle de la réalité ultime. L'union sexuelle est le symbole majeur du tantrisme, mais l'introduction de rites sexuels a suscité de vives controverses et jeté le discrédit sur le tantrisme, en Inde comme en Occident. Tantrisme est devenu synonyme de sexualité « sacrée », évoquant l'image de rites débridés. Le tantrisme ne considère pourtant pas la sexualité comme une fin, ni l'orgasme comme son apogée. En fait l'homme est censé empêcher l'émission du sperme, dont le flux est inversé par un processus alchimique et transformé en énergie mystique qui accélère l'évolution spirituelle du yogi. Grâce à une attitude plus libérale, une meilleure compréhension et le travail novateur de quelques individus, le tantrisme est maintenant reconnu comme un système très élaboré de pratiques visant au développement spirituel.

Ces sculptures qui ornent une frise du temple Chitragupta à Khajuraho,

en Inde, représentent un couple s'adonnant au rituel sexuel, qui est

l'une des caractéristiques du tantra yoga, que cette union

soit symbolique ou réelle.

Le yantra Shri

Un yantra est un diagramme mystique, une figuration symbolique du processus créateur de l'évolution, une représentation de l'univers. Le centre d'un yantra, appelé bindu, symbolise l'énergie potentielle qui est à l'origine de la réalité ordinaire. En méditant sur un yantra (ce qui implique d'intérioriser complètement le yantra et de le reconstituer mentalement), le yogi inverse le processus de l'évolution. Dans ce genre de méditation, la séparation entre sujet et objet disparaît, et le yogi connaît l'extase de l'union avec l'Absolu.

Le yantra le plus important de tous est le yantra Shri, composé du bindu, ou énergie potentielle, symbolisé par un point blanc, et d'une série de triangles qui expriment le processus de l'expansion divine, ou comment l'Un devient multiple. Le premier de ces triangles, rouge et pointé vers le bas, symbolise la puissance féminine (*shakti*). Le couple constitué par le bindu blanc et le premier triangle rouge donne naissance à neuf triangles imbriqués : quatre triangles blancs pointés vers le haut, qui représentent le principe cosmique masculin (*Shiva*) et quatre autres triangles rouges pointés vers le bas, qui représentent le principe féminin. L'interpénétration de ces neuf triangles engendre au total quarante-trois triangles plus petits qui expriment les fractions de l'énergie divine. La symbolique des pétales de fleurs de lotus est double : elle exprime d'une part, le dévoilement de la réalité du monde, d'autre part, l'épanouissement spirituel de l'individu, la connaissance de l'Absolu qui, dit-on, se révèle dans l'espace mystique des profondeurs du cœur.

La méditation devrait constituer la base de l'action.   Dalaï-Lama

Les yogas de la *Bhagavad-Gita*

Le grand poème épique de la *Baghavad-Gita* est un dialogue entre Krishna, le dieu bien-aimé de l'Inde, qui a pris une forme humaine, et son élève le prince Arjuna. Krishna explique les enseignements du yoga et ses voies diverses, et propose une discipline de vie spirituelle accessible à tous. Bien que la méditation joue un rôle dans ces différentes formes de yoga, c'est de manière moins explicite que dans les autres approches décrites plus haut. Un exposé sur le yoga serait toutefois incomplet s'il n'abordait pas les voies décrites dans la *Bhagavad-Gita*.

Le karma yoga

Aux personnes actives, Krishna propose le karma yoga, voie de l'action désintéressée, décrit en détail dans la *Baghavad-Gita*. Karma, qui signifie à la fois « action » et « effet », désigne tout acte accompli en pensée, en parole ou en action, dont nous sommes responsables. Le karma est aussi notre destin, le sort que nous nous créons en fonction de nos actes. La loi du karma est celle de la cause et de l'effet, le principe selon lequel nous ne pouvons échapper aux conséquences de nos actes. La même idée se retrouve dans d'autres religions, le christianisme par exemple, où elle est résumée ainsi dans la Bible : « Tu récolteras ce que tu as semé. » Dans la philosophie indienne, cependant, le karma est lié au concept de réincarnation.

Les dettes karmiques doivent être payées mais, tant que nous restons attachés à l'action, nous continuons à créer du karma, bon ou mauvais, et nous restons pris dans la roue de la vie et de la mort. L'objectif du karma yoga est de se libérer du karma et du cycle des réincarnations. Pour y parvenir, il faut abandonner le « faire », mais pas la responsabilité, et devenir l'instrument par lequel s'accomplissent les actes, plutôt que l'auteur de ces actes. Cela correspond au concept taoïste du wu-wei, l'inaction dans l'action, et le non-faire est favorisé par la méditation. Dans le hatha yoga, cette même idée est exprimée par la formule de B. K. S. Iyengar, selon qui les postures doivent être accomplies dans un « effort sans effort ». Dans le karma yoga, les actes sont des offrandes, faites dans un esprit de renoncement.

Le karma yoga peut être pratiqué aussi bien par ceux qui vivent dans le tumulte de la vie ordinaire que par ceux qui ont renoncé au monde. La clé de cette pratique consiste à agir sans passion, avec détachement et sans attendre de récompense. Le karma yoga est la sagesse en action.

Le Mahatma Gandhi, philosophe et homme politique indien, était l'exemple même du karma yogi. Il travailla sans relâche à abolir le système des castes et à mettre en place des réformes sociales. Il consacra sa vie à défendre ses idéaux et mourut en véritable *bhakta* (dévot de Dieu), le nom de Dieu – *Ram* – sur les lèvres.

Ce tableau indien du XVIIIᵉ siècle illustre l'un des récits les plus célèbres de la *Bhagavad-Gita* : Krishna soulève d'une seule main le mont Govardhana pour protéger les villageois et leurs troupeaux de la colère du dieu Indra.

Le jnana yoga

La vérité est intérieure : elle ne vient point

Des objets du dehors, quoi qu'il vous plaise à croire.

Il y a dans chaque esprit un centre très intime

Où toute vérité réside ; et tout autour,

Mur après mur, la chair grossière l'emprisonne,

Cette intuition parfaite et claire qui est la vérité.

Un déroutant et trompeur réseau charnel

L'aveugle, et tout devient erreur : « savoir »,

C'est bien plutôt frayer un chemin

Par où puisse s'enfuir l'éclatante captive,

Que d'assurer l'accès d'une lumière

Qu'on suppose externe.   Paracelsus, Robert Browning

Pour ceux qui ont une nature contemplative, Krishna conseille le jnana yoga, voie du savoir et de la sagesse. La pratique se fait sur deux plans. La connaissance intellectuelle de la vérité s'acquiert par l'étude et la lecture des textes sacrés, la contemplation et la réflexion sur les vérités qu'ils transmettent. Cela fixe et purifie l'esprit, mais ne suffit pas à provoquer l'éveil. Le Bouddha a comparé les intellectuels qui se contentent d'un savoir glané dans les livres et les discours à des vachers gardant les troupeaux d'autrui. Mais si le savoir théorique est contrebalancé par la méditation sur l'unité de toutes choses, cela ouvre la voie à l'expérience directe de la vérité. C'est cette expérience directe de la vraie nature de la réalité qui est au cœur du jnana yoga.

Selon le grand sage indien Ramana Maharshi, la pratique ancienne de l'interrogation sur soi serait par excellence la voie de l'éveil. Pour lui, la question « Qui suis-je ? » anéantit toutes les autres pensées et, en fin de compte, s'annihile elle-même, « comme se consume le bout de bois utilisé pour attiser le bûcher funéraire ». Quand il ne reste plus trace de la pensée « je », seul subsiste le substrat de la pure conscience, le Soi, qui est à la base de tous les états de l'esprit.

Le bhakti yoga

Le bhakti yoga, voie de la dévotion et de l'amour pour Dieu, est la troisième grande voie du yoga décrite dans la *Baghavad-Gita*, et Krishna la place au-dessus de toutes les autres. Les nombreuses divinités du panthéon hindouiste, Krishna en tête, sont toutes considérées comme des manifestations du Dieu unique, mais celui-ci peut être vénéré sous une forme moins personnelle, bien que ce soit moins fréquent.

Le bhakti yoga est la voie qui se rapproche le plus des pratiques du christianisme, du judaïsme et de l'islam, qui ont développé l'idée d'un Dieu personnel à qui sont adressés des actes de dévotion. Il existe des hymnes dans le bhakti yoga comme dans le christianisme, et cette pratique est incluse dans d'autres formes de yoga, en particulier le karma yoga et le yoga mantra, où psalmodier le nom de Dieu est une technique de méditation.

Le but ultime du bhakti yoga est de s'abandonner à Dieu et finalement de fusionner avec lui, de la même façon que le mystique chrétien ou soufi ne forme plus qu'un avec le Bien-Aimé.

Ne te laisse pas distraire en essayant d'analyser
le Divin Mystère. […] Quelques gorgées du vin
précieux de l'Amour te procureront une ivresse
intense. Pourquoi laisser le verre intact
sur la table, tout en cherchant à savoir
comment le vin a été fabriqué ou à évaluer
le nombre de litres que contient le cellier
inépuisable? Ramakrishna

Soyez à vous-même votre propre guide
et votre propre flambeau.

Bouddha

La posture est importante pour le yoga comme pour la méditation. La posture classique est la position du lotus,

celle dans laquelle est représenté ce Bouddha dont la statue se trouve au temple de Borobudur en Indonésie.

La méditation comme source de connaissance et d'éveil a donné naissance à l'une des plus grandes traditions spirituelles du monde. Selon le bouddhisme, il y a toujours eu des bouddhas, des « éveillés », mais les diverses écoles bouddhistes que nous connaissons aujourd'hui sont fondées sur les enseignements de Siddharta Gautama, surnommé « le Bouddha » après avoir atteint l'illumination.

Selon la légende, Siddharta Gautama est né vers 563 av. J.-C. dans une famille noble du Népal. Sa conception fut miraculeuse et sa naissance entourée d'événements extra-ordinaires. Il serait entré dans le ventre de sa mère, Maya, sous la forme d'un éléphant blanc à six défenses. Dix mois plus tard,

Le bouddhisme

il sortit du flanc de Maya qui n'éprouva aucune douleur ; le bébé était sans tache et sans souillure.

Malheureusement, Maya mourut sept jours plus tard et l'enfant fut élevé par sa tante maternelle, Mahaprajapati, qui épousa par la suite le père de Siddharta, Shuddhodana. Ce dernier, peu après la naissance de son fils, reçut la visite du sage Asita qui reconnut aussitôt sur le corps du nouveau-né les trente-deux marques qui, d'après la prophétie, le désignaient comme futur Bouddha.

Shuddhodana, loin d'être ravi, car il savait qu'une vie d'ascète signifierait l'interruption de la lignée, décida d'épargner à son fils les dures réalités de la vie qui risquaient d'amener celui-ci vers la religion et donc d'entraîner l'accomplissement de la prophétie.

Siddharta mena ainsi une vie très protégée et privilégiée, reclus dans un palais où il jouissait de tout le luxe et de tous les plaisirs possibles. Marié à seize ans, il avait une curiosité insatiable pour le monde extérieur, qui le conduisit à quatre reprises hors du palais. Ces « Quatre Rencontres » changèrent le cours de sa vie. La première fois, il rencontra un vieillard, la deuxième fois un malade, la troisième fois il vit un cadavre qu'on allait brûler. Bouleversé, il comprit que la vieillesse, la maladie et la mort, avec le malheur et la souffrance qu'elles provoquent, étaient le lot inéluctable des humains. Soudain les plaisirs de la vie au palais perdirent de leur charme. La quatrième fois, Siddharta rencontra un sadhu, un moine vagabond. Sans argent, vêtu de haillons, le moine rayonnait pourtant de contentement et de tranquillité, au point que Siddharta fut ébranlé. Le contraste entre la sérénité de cet homme et les images de souffrance des rencontres précédentes amenèrent Siddharta à conclure que le salut de l'humanité consistait à renoncer au monde et à chercher la Vérité en s'adonnant à l'ascétisme et à la méditation. Alors âgé de vingt-neuf ans, il décida de quitter le palais, sa famille et son épouse (par chance, un fils était né et la postérité était assurée), puis, jurant de sauver l'humanité et pas

Jeunes moines bouddhistes sur la terrasse du temple de Began en Birmanie. La couleur de leurs robes symbolise le feu spirituel qui brûle les impuretés.

seulement lui-même, il entreprit une quête spirituelle pour trouver la réponse au problème de la souffrance.

Pendant six ans Siddharta s'instruisit auprès de brahmanes, de yogis et autres saints hommes. Il se soumit à des pratiques très austères, jeûnant et exposant son corps aux conditions les plus rudes. Un jour, décharné et conscient qu'aucune doctrine ni aucune pratique ascétique ne lui avait apporté la vérité qu'il cherchait, il accepta un bol de nourriture pour reprendre des forces. Puis il confectionna un coussin d'herbe et s'assit pour méditer sous un figuier, dans un site aujourd'hui appelé Bodh Gaya (dans l'État du Bihar, en Inde) et devenu un haut lieu de pèlerinage. C'est là que, après une nuit où les démons le tentèrent et le tourmentèrent, Siddharta, désormais dénommé « Bouddha », atteignit enfin l'éveil ou illumination (bodhi), et comprit la cause et le remède de toute souffrance. Le bouddhisme était né, fruit de la méditation du Bouddha sous l'arbre de l'éveil.

Les enseignements du Bouddha

Après avoir connu les excès d'une vie facile, puis de l'ascétisme, le Bouddha réalisa l'inutilité de l'une comme de l'autre et enseigna la Voie du Milieu, à mi-chemin entre la complaisance, qui va à l'encontre du progrès spirituel, et la mortification, préjudiciable sur le plan physique et mental.

Quelque temps après son illumination, le Bouddha donna son premier sermon à Bénarès et fonda la doctrine des Quatre Nobles Vérités, qui constitue le cœur du bouddhisme.

Les Quatre Nobles Vérités

1   La vie humaine est transitoire et implique la souffrance (dukkha) au sens large, de l'angoisse psychique à la douleur physique extrême, des petites frustrations de la vie au désespoir total. Le Bouddha ne rejette ni les plaisirs de l'existence ni le bonheur, mais même ceux-ci sont empreints de tristesse car nous savons qu'ils ne peuvent pas durer.

2   La souffrance est causée par l'ignorance de notre vraie nature, qui engendre le désir. Celui-ci peut prendre la forme du désir sexuel, d'une soif insatiable de pouvoir ou d'argent, d'un besoin de reconnaissance ou de célébrité. Sur un plan plus subtil, même le souhait de faire le bien, de rendre le monde meilleur ou de trouver un sens à la vie sont encore des désirs. Or le désir engendre le cycle des renaissances et fait tourner sans fin la Roue de la Vie.

La Roue de la vie, symbole répandu dans le bouddhisme tibétain, représente le cycle de l'existence et ses différents niveaux : en haut, les dieux, les anti-dieux et les humains ; en bas, les animaux, les fantômes et l'enfer. Tous connaissent la souffrance et la mort, représentée par Yama, le dieu de l'au-delà, qui tient la roue entre ses mâchoires et la fait tourner.

3   Il existe un moyen de mettre fin à la souffrance née du désir et de l'attachement aux fausses croyances sur notre nature véritable. Une fois balayés le désir et l'ignorance, nous sommes libérés de la Roue de la Vie et nous connaissons le nirvana, la liberté suprême et le but ultime du bouddhisme.

4   Nous pouvons nous libérer du désir et de l'ignorance en suivant la Voie du Milieu. Ce chemin, le Sentier Octuple, comporte huit points : la compréhension juste, la pensée juste, la parole juste, l'action juste, les moyens d'existence justes, l'effort juste, l'attention juste, la concentration juste.

Comme le yoga, le bouddhisme est plus un moyen de libération qu'une religion et il propose toute une série de pratiques spirituelles, qui vont des préceptes moraux aux techniques de méditation. La Voie du Milieu présente des points communs avec les huit étapes du yoga ; il s'agit de stades complémentaires plutôt que des degrés à franchir dans un ordre hiérarchique.

La méditation bouddhiste

Les deux derniers points du Sentier Octuple ont un rapport direct avec la méditation, pratique essentielle du bouddhisme car elle mène à l'éveil et à la compréhension de la nature véritable de la réalité – qui ne peut s'acquérir par un savoir théorique –, elle procure la paix durable de l'âme et elle entraîne la transformation spirituelle.

La pratique de la concentration consiste à fixer un seul objet, concept ou processus : roue colorée, souffle, amour, compassion, sensation physique. La concentration conduit à des états de conscience de plus en plus subtils, qui préparent le méditant à la *vipassana*, la voie de la compréhension, qui réclame une conscience totalement ouverte. Cela nécessite la pratique de l'attention, qui fixe l'esprit sur le moment présent et élève la conscience. En tant que technique de méditation, elle implique de devenir conscient de la respiration, puis du corps, des sentiments, des émotions et des pensées. Le méditant doit adopter une attitude neutre vis-à-vis des pensées et des sentiments, en les observant sans jugement. La pratique de l'attention conduit peu à peu à des niveaux de compréhension (*vipassana*) plus élevés et provoque des expériences transcendantales (*nirvana*), d'abord éphémères, puis de plus en plus durables.

En conformité avec le principe de la Voie du Milieu, le Bouddha expliquait – comme dans l'histoire du joueur de sitar (voir page 27) – que, pendant la méditation, il ne fallait ni contraindre l'esprit ni le laisser vagabonder, mais lui permettre de s'apaiser naturellement en utilisant les techniques décrites ci-dessus.

La propagation du bouddhisme

Il est probable que le Bouddha dispensait son enseignement en l'adaptant aux besoins individuels et aux situations. Comme la plupart des mystiques, il considérait que la spéculation intel-

Ce tanka (peinture religieuse) tibétain du XIXᵉ siècle représente Amitayus, le Bouddha de Longue Vie, entouré de nombreux bodhisattvas et autres créatures divines. Les tankas sont utilisés comme supports pour les visualisations complexes, forme de méditation courante dans le bouddhisme tibétain.

lectuelle était un obstacle sur la voie de la libération et exposer une nouvelle philosophie ne l'intéressait pas. Plusieurs formes de bouddhisme émergèrent pourtant après sa mort, chacune présentant une interprétation différente de sa doctrine.

Les deux branches principales sont aujourd'hui le Theravada qui, selon ses adeptes, serait le plus fidèle à l'enseignement du Bouddha, et le Mahayana. Le Theravada, également nommé Hinayana ou Petit Véhicule, voit dans le Bouddha un maître éveillé mais humain, qui a montré aux autres une façon d'accéder au même état que lui, même si peu d'individus sont capables d'y parvenir. Le Mahayana ou Grand Véhicule considère le Bouddha comme l'incarnation de la vérité absolue et pense que tout le monde peut atteindre l'illumination.

Alors que le Theravada privilégie l'attention comme technique de méditation, le Mahayana a élaboré toute une série de techniques et de pratiques. Le Vajrayana (Véhicule du Diamant), plus connu sous le nom de bouddhisme tantrique, est une branche du Mahayana qui combine yoga et doctrines bouddhistes. L'initiation est capitale dans cette école qui présente de nombreux traits communs avec le tantra yoga (voir pages 70-71) et englobe certaines pratiques de méditation ésotériques.

Le zen (voir ci-après), également issu du Mahayana, est une forme de bouddhisme très particulière, connue pour ses méthodes directes et sa pratique du koan, énigme destinée à couper court à la logique intellectuelle et à éveiller à d'autres niveaux de conscience.

Le bouddhisme déclina dans son pays d'origine, l'Inde, mais à partir du IIIe siècle apr. J.-C. il gagna d'autres régions, où il s'adapta à la culture et aux coutumes locales. C'est aujourd'hui l'une des doctrines religieuses les plus pratiquées dans le monde. Le Theravada est prédominant au Sri Lanka, en Thaïlande, en Birmanie et au Cambodge ; le Mahayana est présent en Chine, au Japon, au Vietnam et en Corée ; le Vajrayan, au Tibet, en Mongolie et au Japon. Parce qu'il est éloigné de tout dogmatisme, le bouddhisme trouve son expression aussi bien dans la simplicité du Theravada que dans l'ésotérisme du Vajrayana ou l'originalité du zen. Mais, au-delà de la diversité des pratiques, toutes les formes de bouddhisme soulignent la prépondérance de l'expérience directe des vérités spirituelles sur la foi ou la croyance aveugle, et insistent sur l'importance capitale de la méditation pour y parvenir.

Si tu marches, marche. Si tu t'assieds, assieds-toi.
Mais, quoi que tu fasses, ne vacille pas.

Unmon, maître zen chinois du Xᵉ siècle

Une œuvre au pinceau de Shifu Nagaboshi Tomio, représentant un méditant.

Manger quand on a faim, dormir quand on est fatigué. C'est cela le zen. Mais accomplir correctement des actes quotidiens aussi simples avec une attention totale n'est pas chose facile.

Le zen est l'école du bouddhisme qui nous est la plus familière. Implanté en Occident, et notamment aux États-Unis, au XXe siècle, il a fait de nombreux adeptes, comme quelques siècles plus tôt en Chine où il fut influencé par la culture du pays et le taoïsme en particulier, puis au Japon où il devint un art de vivre autant qu'une voie vers l'illumination. Le zen a exercé une influence considérable sur la culture japonaise – sans lui le *haiku* (poème court) et la cérémonie du thé n'existeraient pas – et son apport dans le domaine de l'art et du design occidentaux

Le zen

est aujourd'hui manifeste. En Orient comme en Occident, le zen a été une source d'inspiration en poésie, peinture, architecture, art des jardins. Le « style zen » est à la fois spontané, direct, fluide et harmonieux, autant de qualités qui caractérisent les œuvres au pinceau, dont l'apparente simplicité tient non seulement à la maîtrise de la technique, mais aussi de la forme et de l'espace. Le vide est une caractéristique frappante du zen en peinture, en architecture et dans l'art des jardins, et pourtant ce vide est un aspect du plein, de la même façon que notre vraie nature est vide de toutes pensées du « soi » et de l'« autre » :

Si tu ne mets rien dans ton esprit et si tu ne mets ton esprit dans rien,
alors seulement tu expérimentes la vacuité et la spiritualité, un état de vide extraordinaire. Te-shan

En dehors de sa dimension spirituelle, l'influence du zen sur la culture occidentale est visible dans la décoration intérieure ou les arrangements floraux, par exemple. Le mot « zen » est entré dans notre vocabulaire où il désigne, grosso modo, une esthétique minimaliste. Pourtant, malgré notre familiarité avec ce langage, et même si nous avons compris que le zen a éliminé tout le fatras rituel et dogmatique pour se concentrer sur l'essentiel, la voie du zen reste insaisissable.

Le vieil étang.
Une grenouille saute.
Plouf!   Basho, maître de haiku du XVIIᵉ siècle

Le mot zen, équivalent japonais du *chan* chinois, qui dérive à son tour du sanskrit *dhyana* (voir page 53), signifie littéralement méditation. Comme nous l'avons dit, la méditation est au cœur de toutes les formes du bouddhisme, mais ce qui distingue le zen des autres écoles, ce sont ses méthodes directes pour amener à la vérité, en particulier l'utilisation des koans. Il s'agit d'anecdotes ou de paroles de maîtres zen, énoncées sous forme d'énigmes qui ne peuvent être résolues par la pensée logique. L'un des koans les plus célèbres est attribué à Hakuin qui, ayant frappé ses deux mains l'une contre l'autre, demanda : « Quel est le son d'une seule main ? » En défiant la pensée rationnelle, le koan peut provoquer une percée dans la conscience ; c'est ce qu'on appelle le *satori*, ou éveil, une illumination soudaine qui ouvre à une nouvelle manière de voir le monde.

Selon la tradition, le zen serait né au VIᵉ siècle de notre ère avec l'arrivée en Chine de Bodhidharma, un moine bouddhiste venu d'Inde. La légende rapporte la rencontre entre le moine et l'empereur de Chine, Wu, fervent bouddhiste qui avait fait construire plusieurs temples et accompli d'innombrables bonnes actions dans l'espoir de promouvoir le bouddhisme et de s'assurer les meilleures vies possibles dans le futur. Quand l'empereur demanda à Bodhidharma quels mérites lui avaient gagnés ses bonnes actions, le moine répliqua abruptement : « Aucun mérite d'aucune sorte. » (Faire le bien en vue d'une récompense future est contraire au zen.) Interrogé sur le sens suprême de la vérité sacrée du bouddhisme, le moine répon-

dit : « Un vide immense – rien de sacré. » À toutes les questions de l'empereur, Bodhidharma apporta des réponses sibyllines, révélant ainsi le cœur de son enseignement.

L'empereur ne comprit pas le sens des paroles du moine et n'apprécia guère sa méthode sans détours. Bodhidharma quitta la cour et se retira dans un monastère où il passa les neuf années suivantes à méditer devant le mur de sa cellule, jusqu'à l'arrivée d'un disciple plus ouvert.

Bodhidharma est reconnu en Chine comme le premier patriarche zen, mais les bouddhistes zen se considèrent comme les héritiers en ligne directe du Bouddha et voient en Mahaka-çyapa le premier patriarche de la lignée indienne. Celui-ci aurait reçu l'éveil directement du Bouddha un jour où celui-ci, devant ses disciples réunis, fit tourner en l'air une fleur de lotus, sans rien dire. Ce geste révéla soudain la vérité à Mahakaçyapa, qui sourit. Le sourire en retour du Bouddha signifia que la transmission était accomplie. Cette anecdote serait à l'origine du zen et symbolise le fait que le message réel demeure toujours informulé, même s'il peut être « saisi directement ».

Aujourd'hui, les deux principales écoles zen sont les écoles soto et rinzai, qui mettent toutes deux l'accent sur le *zazen* (« méditation assise ») où la posture, la respiration et l'attitude sont fondamentales. Contrairement à la plupart des techniques de méditation du yoga, où l'attention est fixée sur un objet ou une pensée, la pratique du zazen consiste à rester simplement assis, calme, conscient, sans rien faire, sans but aucun. Laisser

passer les images et les pensées comme des nuages dans le ciel, sans s'y accrocher ni les rejeter. Il est cependant souvent conseillé aux débutants de se concentrer sur le souffle et de compter les respirations de 1 à 10 de façon continue. La posture idéale est la position du lotus (page 130) ou, si elle est trop difficile, le demi-lotus (page 132), en gardant le dos droit et le menton rentré, le nez à la verticale du nombril. Les yeux sont mi-clos et posés, mais non fixés, à un mètre de distance. Les mains sont placées, paumes vers le ciel, contre l'abdomen, la gauche dans la droite, avec les extrémités des pouces qui se touchent. Une respiration correcte – calme, profonde et régulière – découle naturellement d'une posture correcte. Les deux réunies engendrent une attitude d'esprit correcte, qui consiste à être simplement attentif à tout ce qui se passe, intérieurement et extérieurement, et à lâcher prise, sans juger ni intervenir.

Bodhidharma, fondateur légendaire du zen, est généralement représenté comme un personnage au regard farouche et aux yeux globuleux.
On raconte que, furieux de s'être endormi pendant qu'il méditait, il s'arracha les paupières pour éviter que cela ne se reproduise.
À l'endroit précis où tombèrent ses paupières, poussa la première feuille de thé. Depuis, les moines zen boivent beaucoup de thé pour rester éveillés et vigilants durant les longues heures de méditation.

Assis tranquillement, sans rien faire,
Le printemps arrive, et l'herbe
pousse toute seule.

Extrait du *Zenrin Kushu*, recueil de proverbes zen

Pour l'école soto, le zazen est la pratique essentielle. Les koans y sont également utilisés, mais pas comme technique de méditation. En revanche, l'école rinzai y a largement recours : le maître les donne à travailler à l'élève pendant la méditation. Il ne s'agit nullement d'un exercice intellectuel. Plutôt que de chercher une réponse logique à l'énigme posée, l'élève doit tendre à se fondre en elle, à l'intégrer dans sa conscience. La résolution d'un koan – qui peut ou non survenir durant la méditation – provoque le satori, but de cette pratique.

Le zen ne peut être vraiment compris que par l'expérience, la pratique et l'entraînement, mais sa nature profonde est résumée dans les quatre principes suivants, attribués à son fondateur, Bodhidharma :

Une transmission spéciale en dehors des écritures ;
Aucune dépendance à l'égard des mots et des lettres ;
Saisir directement l'esprit de l'homme ;
Contempler sa propre nature et réaliser l'état de Bouddha.

Le jardin minimaliste de Dai-sen, au monastère zen de Daitoku-ji, au Japon, incite puissamment à la méditation. Les rangées de gravier blanc soigneusement ratissées créent une impression d'espace et une atmosphère calme et contemplative propices au regard intérieur.

L'être et le néant s'engendrent l'un l'autre.

Le facile et le difficile se parfont.

Le long et le court se forment l'un par l'autre.

Le haut et le bas se touchent.

La voix et le son s'harmonisent.

L'avant et l'après se suivent.

Lao-tseu

Statue de la dynastie Song représentant Lao-tseu chevauchant un buffle.

Le taoïsme philosophique, distinct du taoïsme religieux qui se préoccupe davantage d'atteindre l'immortalité et d'acquérir des pouvoirs magiques, est un enseignement mystique dont les principes figurent surtout dans les œuvres de Lao-tseu (« le Vieux Maître »), auteur du célèbre *Tao-tö-king*, et de Tchouang-tseu, considéré avec Lao-tseu comme l'un des fondateurs du taoïsme philosophique.

Selon la tradition, Lao-tseu serait un contemporain de Confucius, qui vécut au VIe siècle av. J.-C., mais les spécialistes pensent que les textes qui lui sont attribués datent du IIIe ou IVe siècle av. J.-C. On sait peu de chose de sa vie – on ignore même s'il a vraiment existé – mais, selon la légende, il fut Gardien des Archives

Le taoïsme

Impériales du royaume des Chou, où il vécut conformément au *Tao* et au *Te* (la Voie suprême et son Expression). Le déclin de ce royaume le poussa à partir vers l'est du pays. Il arriva à un col de montagne gardé par un homme du nom de Yin-hsi, qui conjura le sage d'écrire un livre pour son instruction avant de franchir le col. Lao-tseu prit une plume et composa d'une traite le *Tao-tö-king* (le « Livre de la Voie et de la Vertu »), constitué de cinq mille idéogrammes. Après avoir remis l'ouvrage à Yin-hsi, Lao-tseu poursuivit sa route et l'on n'entendit plus jamais parler de lui.

Vraie ou non, l'histoire de l'origine du *Tao-tö-king* est bien dans l'esprit du livre lui-même, qui montre la voie et ouvre le passage.

La vertu supérieure est sans vertu, c'est pourquoi
elle est la vertu. La vertu inférieure ne s'écarte pas
des vertus, c'est pourquoi elle n'est pas la vertu.   Lao-tseu

La Voie et la Vertu

Le Tao qu'on saurait exprimer
n'est pas le Tao de toujours.
Le nom qu'on saurait nommer
n'est pas le nom de toujours.

Le Tao demeure toujours sans agir
et pourtant il n'y a rien
qui ne se fasse sans lui.

Lao-tseu

Pour comprendre la philosophie taoïste, il faut d'abord saisir ce que signifie le Tao. Ce mot se traduit par «Voie» mais, comme l'indiquent les premières lignes du *Tao-tö-king* (ci-dessus), il défie toute définition et Lao-tseu souligne que, s'il le nomme la Voie, c'est parce qu'il faut bien qu'il le désigne d'une manière ou d'une autre. Tao est le terme qu'emploie Lao-tseu pour l'Absolu ou Réalité Ultime, sous son aspect transcendant, sans forme, indifférencié, impersonnel, sans attribut. C'est le substrat de l'existence, la soupe primitive à l'origine de l'univers physique.

Tö se traduit généralement par «Vertu», dans le sens de pouvoir, capacité inhérente, plutôt que dans le sens de qualité morale. C'est l'expression naturelle du Tao tel qu'il se manifeste dans le monde physique : la force créatrice ou énergie vitale, qui permet à toutes choses d'être en accord avec la Voie tout en suivant leur propre nature. Ainsi, une fleur sauvage fleurit naturellement et les oiseaux migrent quand c'est l'époque, sans aucune conscience individuelle. Pour le taoïste, la vraie vertu consiste à suivre le mouvement propre à l'humain plutôt que de s'opposer au cours naturel des choses, et il ne se soucie nullement de se conformer aux conventions sociales ni aux codes moraux. Celui qui est authentiquement vertueux dit et fait spontanément ce qu'il faut sans même s'en rendre compte, et sans chercher ni récompense ni approbation.

Le retour à la Voie

Alors que toutes les créatures et les plantes suivent le cours de la nature, l'homme, avec son habitude d'analyser les situations, de peser le pour et le contre, et de choisir entre deux possibilités, a perdu la capacité d'agir avec spontanéité et s'est écarté de la Voie. Parce que nous avons perdu contact avec notre vraie nature, nous luttons constamment pour être autre chose que ce que nous sommes réellement. D'où les problèmes des humains, aussi bien sur le plan individuel que collectif. Le but du taoïsme, par conséquent, est le retour à la Voie.

Un concept fondamental dans ce retour à la Voie est le *wu-wei* («non-action» ou «sans action»). Cela ne signifie pas que le taoïsme préconise de ne rien faire ou d'être passif. Cela n'implique pas non plus de se retirer du monde. Le *wu-wei* est une forme d'action absolument sans préméditation, sans motif ni intention, et cependant toujours efficace et appropriée à la situation. C'est l'action spontanée de celui qui suit le Tao.

Celui qui pratique le Tao diminue de jour en jour.
Diminue et diminue encore pour en arriver
à ne plus agir.
Par le non-agir, il n'y a rien qui ne se fasse.

Lao-tseu

L'individu qui agit selon la Voie est attentif à chaque situation et à ce qu'elle exige, et il répond infailliblement par l'action juste, comme un maître artisan pratique son art. Cette manière spontanée d'agir, de n'intervenir que quand et dans la mesure où c'est nécessaire, dépasse ceux qui ont l'habitude de se conformer aux règles et à la raison, et qui réfléchissent à la meilleure action possible avant d'agir. Tchouang-tseu a illustré cela dans une anecdote : Confucius, apercevant un homme qui nageait dans des remous, lui demanda comment il s'y prenait.

« Je descends avec les tourbillons et remonte avec les remous.
J'obéis au mouvement de l'eau, non à ma propre volonté.
C'est ainsi que j'arrive à nager si aisément dans l'eau [...]
Je suis né dans ces collines et j'ai vécu à l'aise, c'est l'accou-
tumance ; j'ai grandi dans l'eau et je m'y trouve à l'aise,
c'est la nature ; je nage ainsi sans savoir comment,
c'est le destin. »

Beaucoup de grands artistes ont expliqué qu'ils avaient l'impression que leurs œuvres s'imposaient à eux sans que leur propre volonté intervienne. « Nous ne composons pas », a écrit Gustav Mahler (1860-1911) à propos de sa *Troisième Symphonie*, « nous sommes composés ». De la même façon, le poète et peintre visionnaire William Blake (1757-1827) a affirmé écrire seulement « sur ordre des esprits et, à l'instant où j'ai écrit, je vois les mots voltiger en tous sens dans la pièce ».

Comment le taoïste retourne-t-il à la Voie ?

Atteins à la suprême vacuité

et maintiens-toi en quiétude,

Devant l'agitation fourmillante des êtres

ne contemple que leur retour.

Les êtres divers du monde

feront retour à leur racine.

Faire retour à la racine, c'est s'installer dans la quiétude.

Lao-tseu

Lao-tseu et Tchouang-tseu ont tous deux indiqué que la méditation était le moyen de devenir un avec le Tao et de connaître l'expérience mystique du vide et de l'unité de toutes choses. Même si aucun des deux ne préconise une technique particulière, de nombreux passages de leurs textes évoquent des méthodes traditionnelles pour calmer l'esprit. L'importance donnée au *wu-wei* (non-action) permet de supposer que les premiers taoïstes ont pratiqué une forme de méditation proche du zazen.

Tchouang-tseu décrit une technique appelée « jeûne de l'esprit », qui consiste à fixer l'attention et à vider le mental de toutes pensées et idées :

Unifiez votre volonté ! N'écoutez pas avec vos oreilles,

mais avec votre mental. Non, n'écoutez pas avec votre

mental, mais avec votre esprit. Les oreilles se limitent

à écouter, le mental se limite à reconnaître,

mais l'esprit, vide, est au service de toutes choses.

La Voie ne se retrouve que dans la vacuité.

La vacuité est le jeûne de l'esprit.   Tchouang-tseu

Conscience du souffle et maîtrise de la respiration, qui permettent de guider le *chi* (la force vitale, dont la manifestation extérieure est le souffle) à travers le corps, selon des techniques assez proches de celles du kundalini yoga, jouent un rôle important dans la méditation taoïste, non seulement comme une voie vers l'éveil, mais aussi comme un moyen d'obtenir santé et longévité. Les taoïstes pratiquent aussi la méditation en mouvement, comme dans le tai-chi-chuan par exemple, caractérisé par un enchaînement de mouvements lents coordonnés avec la respiration, dans le but de tourner l'esprit vers l'intérieur et d'aligner le corps et l'esprit avec le Tao.

Ces Chinois pratiquent le tai-chi dans le calme des alentours du temple du Ciel à Pékin.

Le symbole du yin et du yang

Au sein du Tao existent deux polarités, le yin et le yang. Le yin, principe féminin, est passif, réceptif, sombre et doux, tandis que le yang, principe masculin, est actif, créatif, lumineux et dur. Ces deux principes complémentaires s'unissent pour donner naissance au monde extérieur qui suit un processus cyclique selon lequel toute chose se transforme en son contraire : la nuit devient le jour, le chaud devient le froid. Le yin et le yang sont inséparables comme les deux faces d'une pièce de monnaie et ne peuvent exister l'un sans l'autre.

Le symbole du yin et du yang représente la création de l'univers. Le cercle, symbole de la réalité ultime, est divisé en deux zones, l'une sombre (le yin), l'autre claire (le yang) ; ces deux principes sont à l'origine du monde des formes et des objets. À l'intérieur de chaque zone il y a un point de la couleur opposée, pour indiquer que chaque élément contient en germe l'élément contraire. Cette interaction du yin et du yang produit un état de changement et de transformation perpétuels – le mouvement du Tao – et l'équilibre de ces énergies assure la santé et le bien-être de tout ce qui vit.

Cette pierre, sur laquelle est gravé le symbole du yin et du yang, entouré des signes du zodiaque chinois, se trouve dans les jardins d'un temple de Chengdu, dans la province du Sichuan, en Chine.

Allume dans ton cœur la flamme de l'amour
Et brûle entièrement les pensées et les belles paroles.

Djalal al-Din Rumi

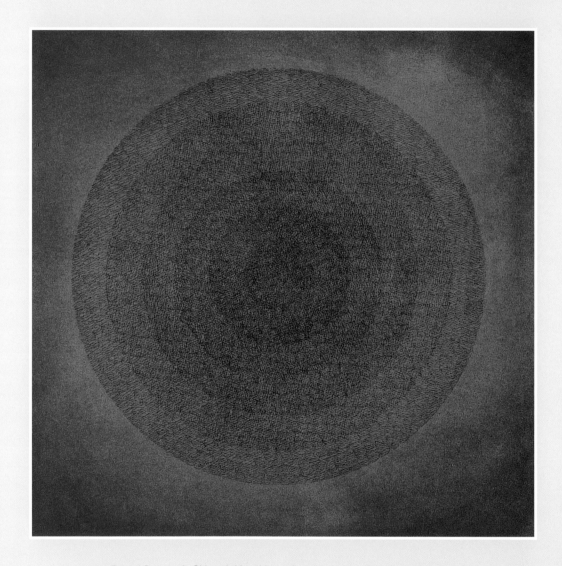

Round Dance, de Shirazeh Houshiary, s'inspire de la poésie du mystique soufi

Djalal al-Din Rumi et représente la quête de l'unité. Le centre symbolise le point immuable

autour duquel se meut toute existence.

Le soufisme est une doctrine mystique issue de l'islam, un chemin vers la vérité par l'amour divin. De nombreux maîtres soufis se considèrent les descendants directs du prophète Mahomet dont les révélations forment la base de l'islam. Les origines du soufisme restent cependant incertaines. Les soufis orthodoxes sont fidèles au Coran et insistent sur le fait qu'il ne saurait y avoir de soufisme en dehors de l'islam. Selon d'autres, le soufisme serait né au IXe siècle apr. J.-C., en réaction contre le système théologique et législatif fondé sur les textes coraniques. D'autres encore, pour qui la question de la religion est indifférente, affirment que le soufisme est l'essence de toutes les religions, qu'il a toujours existé et a précédé l'islam. En pratique, la grande majorité des soufis d'aujourd'hui sont musulmans et beaucoup d'entre eux vivent en Inde. Le soufisme a aussi fait de nombreux adeptes en Occident, mais ceux-ci ne sont généralement pas musulmans.

Le soufisme

Le soufisme a pour objectif l'évolution et le perfectionnement de l'homme, et vise à transcender la conscience ordinaire pour accéder à la réalité située au-delà des frontières normales de la pensée et des sens. L'initiation et la relation de maître à élève sont capitales dans le soufisme, mais les techniques pour atteindre l'éveil spirituel sont extrêmement variées, au point que les différentes écoles peuvent donner l'impression de n'avoir pas grand-chose en commun. Les soufis le savent et affirment que ce n'est qu'en évoluant et en s'adaptant constamment au contexte extérieur que l'enseignement profond – l'essence intemporelle et immuable du soufisme – peut se transmettre. Plutôt que d'institutionnaliser les pratiques et de proposer des instructions figées, les soufis dispensent leur enseignement pour répondre à des besoins particuliers, à une époque donnée, et communiquent leur savoir d'une manière toujours nouvelle. Les méthodes utilisées peuvent être le conte, la musique, la danse, la méditation, le chant, le silence, l'accomplissement de tâches spéciales, diverses formes de thérapie et la pratique des arts, par exemple la calligraphie.

À la base de toutes ces pratiques, il y a le pouvoir alchimique de l'amour, capable de transformer la conscience humaine. La voie soufie est une voie de dévotion, et l'amour de Dieu, le fait de s'absorber en Dieu, est au cœur de cette voie.

Ce que voient les yeux, c'est la connaissance.
Ce que sait le cœur, c'est la Certitude.   Dhun'nun

Une pratique essentielle, commune à de nombreux ordres soufis, est la répétition du nom de Dieu ou de textes sacrés du *Coran (thikr)*. Ces litanies peuvent être psalmodiées à voix haute en groupe, ou murmurées pendant la méditation solitaire, à la manière d'un mantra, avec une dévotion et une concentration intenses. Comme les yogis, les soufis pensent que certains sons ont une résonance avec le divin et que, en les répétant, on se pénètre de la conscience divine et on peut atteindre la connaissance mystique de Dieu. Contrairement à d'autres traditions mystiques, le soufisme a une conception personnelle de Dieu, et les soufis maintiennent une distinction entre l'homme et Dieu. Les frontières peuvent pourtant se brouiller parfois, comme dans l'exemple célèbre de Mansur Mastana qui, en état d'extase mystique, s'écria : « Je suis Dieu, je suis Dieu. » Les autorités ne comprirent pas et le pendirent pour hérésie. Depuis, Mansur fut vénéré comme un saint.

De nombreux soufis trouvent l'idée d'une union avec Dieu incompatible avec les enseignements du *Coran*, voire blasphématoire. En revanche, la doctrine de l'Homme Parfait, ou de l'Homme Universel, est plus largement acceptée. L'Homme Parfait a été créé par Dieu à sa propre image et est une sorte d'intermédiaire entre l'homme et Dieu. Plutôt que de s'unir à Dieu, le soufi réalise l'union mystique avec l'Homme Parfait. Une fois qu'il a atteint la vérité, le soufi vit « dans le monde sans être du monde » et accomplit la volonté de Dieu.

Outre le *thikr*, les soufis utilisent bien d'autres formes de méditation, telles la visualisation et la fameuse danse des derviches tourneurs de l'ordre de Mawlawiya, fondé au XIIIe siècle par le célèbre maître soufi, mystique et poète, Djalal al-Din Rumi. La danse est un rituel sacré au cours duquel les derviches, vêtus du costume traditionnel – bonnets noirs et longues jupes blanches évasées – sont transportés dans un état d'ivresse divine. Au son des tambours, d'une flûte en roseau et de chants, les derviches tournent sur eux-mêmes, de plus en plus vite, en faisant des gestes symboliques avec les mains, la tête et les bras. Oubliant sa propre personne, le derviche devient l'instrument de Dieu : il reçoit la grâce divine de la main droite, paume tournée vers le ciel, et la dispense de la main gauche, paume tournée vers la terre. Tandis que la grâce divine le traverse, le derviche ne fait plus qu'un avec le Bien-Aimé.

Je crois dans la religion
De l'amour
Quelque direction que prenne
  sa caravane
Car l'amour est ma religion
  et ma foi.

Ibn Arabi, mystique soufi du XIIIe siècle

Le Bien-Aimé

Un homme se présenta à la porte du Bien-Aimé
et frappa.
« Qui est là ? » demanda une voix.
« C'est moi », répondit-il.
« Il n'y a pas de place ici pour moi et toi »,
dit la voix.
Et la porte se referma.
Après une année de solitude et de privations,
cet homme
se présenta de nouveau à la porte du Bien-Aimé.
Il frappa.
Une voix à l'intérieur demanda : « Qui est là ? »
L'homme répondit : « C'est Toi. »
Et la porte s'ouvrit devant lui.

Djalal al-Din Rumi

Miniature du XVIᵉ siècle montrant des derviches
tourneurs en train de danser.

Si Je suis et si Tu es parce que Je suis moi-même et que Tu es toi-même, alors Je suis Moi et Tu es Toi. Mais si Je suis parce que Tu es, Je ne suis pas Moi et Tu n'es pas Toi.

Rebbe Nachman

Ce manuscrit hébreu enluminé du XIIIe siècle représente

le chandelier à sept branches appelé menora.

La tradition mystique juive remonte à des temps très anciens ; elle est peut-être issue des enseignements de Moïse, ou de la doctrine ésotérique des Esséniens vers l'époque du Christ. Mais le courant le plus important au sein de cette tradition est la kabbale, mot hébreu signifiant « ce qui est reçu ». La kabbale a connu des éclipses, notamment aux XVIIᵉ et XIXᵉ siècles, ce qui ne l'a pas empêchée d'exercer une influence profonde sur l'évolution du judaïsme moderne et de jouer un rôle capital dans la tradition ésotérique occidentale. Elle connaît depuis peu un regain d'intérêt et attire de nombreuses célébrités. Sous sa forme la plus populaire, la kabbale offre une

La kabbale

approche de la spiritualité accessible à tous, juifs ou non-juifs, même si certains estiment qu'elle n'a pas grand-chose à voir avec le mysticisme juif traditionnel.

Bien qu'elle plonge ses racines dans l'Antiquité, la kabbale classique est née au XIIIᵉ siècle dans le sud de la France et a gagné l'Espagne, où les Juifs espagnols élaborèrent une doctrine mystique extrêmement complexe. L'essentiel de cette doctrine est exposé dans le *Zohar*, le « *Livre de la splendeur* », rédigé vers 1300 par Moïse de León mais traditionnellement attribué à Siméon bar Yohai, un docteur juif du IIᵉ siècle. Selon la légende, Siméon se réfugia dans une grotte avec son fils pour échapper aux persécutions de l'empereur romain Trajan. Après la mort de l'empereur, treize ans plus tard, le sage et son fils sortirent de leur refuge mais, troublé par la pauvreté spirituelle des Juifs, Siméon retourna dans la grotte, avec l'intention de passer le reste de sa vie en méditation. Au bout d'une année, il entendit une voix qui l'exhortait à aller dispenser son enseignement à ceux qui étaient prêts à l'entendre.

Ce parchemin du XVIIe siècle représente l'Arbre de Vie, support essentiel de la méditation kabbalistique, qui symbolise la création du monde. Il est constitué de dix sephirot, ou attributs de Dieu, reliées par vingt-deux passages. Pendant la méditation, qui inclut la visualisation des sephirot, le kabbaliste escalade l'Arbre de Vie et parvient à la communion mystique avec le Divin.

Le *Zohar* distingue deux aspects de Dieu : En Sof (l'« Infini »), à jamais caché et inconnaissable, et le Dieu qui se manifeste dans l'expérience mystique, le créateur du monde matériel. Le processus de la création commence avec l'émanation des dix sephirot, ou attributs divins, qui figurent dans l'Arbre de Vie. Parfois quatre arbres sont figurés l'un au-dessus de l'autre, sous la forme d'une échelle de Jacob ; ils expriment la doctrine kabbalistique, selon laquelle le cosmos comprend quatre mondes : celui du Divin, celui de la Création, celui de la formation et celui de la matière et de l'action. On peut aussi y voir les mondes éternel, spirituel, psychologique et physique.

Les passages qui relient les sephirot représentent les vingt-deux lettres de l'alphabet hébreu et leurs sons, chacune étant un aspect de l'énergie divine. Les sphères et les passages s'ordonnent selon une forme géométrique stricte, disposée en trois colonnes, les deux colonnes extérieures symbolisant le masculin et le féminin, l'aspect actif et l'aspect passif, et la colonne centrale symbolisant la voie du milieu, l'équilibre entre les forces opposées, le chemin le plus facile et le plus direct vers Dieu. Sur un plan, l'Arbre représente l'univers, avec ses racines profondément enfoncées dans la terre et ses branches supérieures qui s'élancent vers le ciel, et symbolise le lien entre les deux. Sur un autre plan, il représente l'homme, avec les sephirot inférieures qui correspondent à des centres du corps physique, un peu comme les chakras du yoga, tandis que les trois sephirot supérieures correspondent à des niveaux de connaissance ou de conscience plus élevés. Chaque sephira représente

un stade du processus créateur, un pas vers la sagesse, et chacune comporte un symbolisme riche et complexe. Par des techniques de méditation semblables à celles des yogis visualisant les chakras, le kabbaliste escalade les branches et parvient à la réalisation mystique de la divine unité – le but de l'enseignement de la kabbale.

Une autre technique proche de certaines pratiques du yoga est la méditation sur les lettres de l'alphabet hébreu, dont chacune est investie d'un pouvoir divin. En se concentrant sur ces lettres sacrées et en les intégrant dans sa conscience, le kabbaliste atteint des niveaux supérieurs de conscience. Cette pratique remonte à l'époque de la kabbale dans l'Espagne médiévale, mais connut un nouvel élan au XVIe siècle, avec le maître Isaac Luria. Sous l'influence de ce dernier, la kabbale, qui jusque-là était une doctrine secrète connue seulement d'une petite minorité de juifs, devint un courant dominant du judaïsme.

Au XVIIIe siècle, les préceptes de sagesse de la kabbale se répandirent au sein du mouvement hassidique issu des enseignements de Luria, et ils sont toujours en vigueur. Le personnage central de ce mouvement fut le mystique Israel ben Eliezer, surnommé le Baal Shem Tov (le Maître du Saint Nom, v. 1700-1760). Contrairement aux kabbalistes traditionnels qui se rapprochent de Dieu par des pratiques ésotériques, le Baal Shem prônait une voie extatique de dévotion à Dieu, qui consiste à voir Dieu dans toute chose et à réciter constamment son nom pour parvenir à l'éveil mystique.

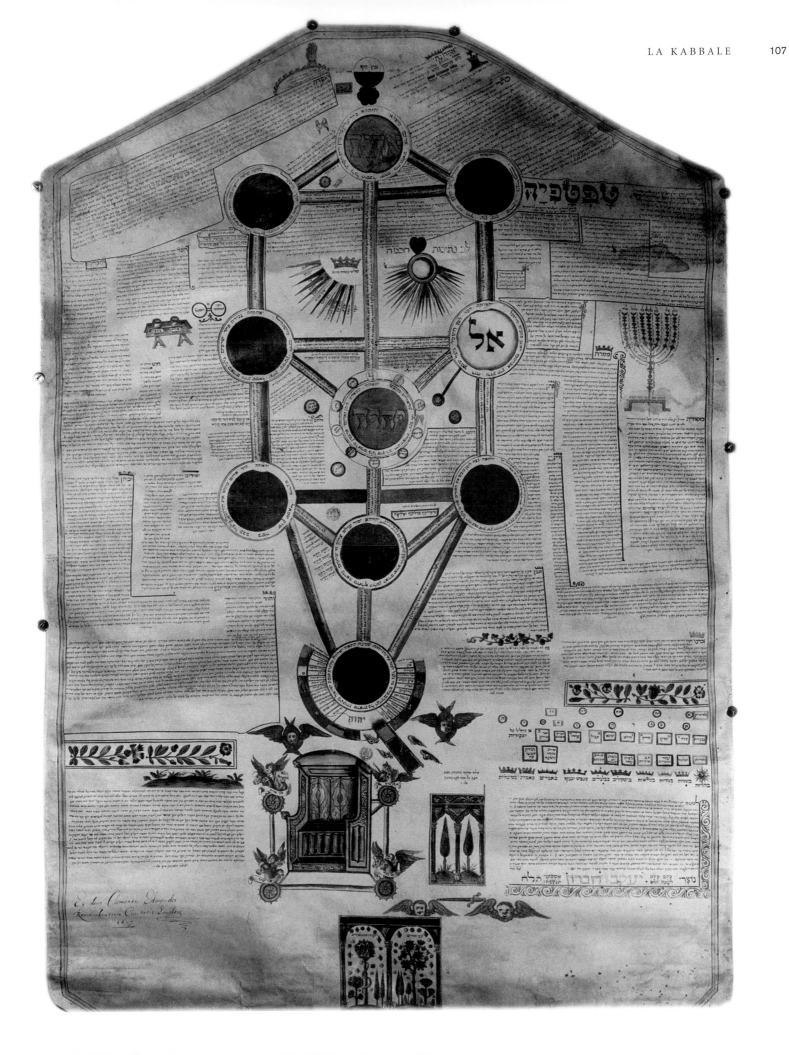

Lâchez les armes ! reconnaissez que je suis Dieu !

Psaumes, 46, 11

L'Annonciation, l'une des nombreuses fresques représentant

des épisodes de la vie du Christ et de la Vierge,

peintes par Fra Angelico pour les cellules des moines

au couvent de San Marco à Florence. Ce genre de scène

était utilisé comme support de dévotion et de contemplation.

Le christianisme, religion dominante en Occident, est basé sur la vie et l'enseignement de Jésus de Nazareth, considéré par les chrétiens comme le Christ ressuscité, fils de Dieu. Le christianisme est fondé sur la croyance que le Christ est ressuscité des morts, article de foi qui a donné lieu à de nombreuses interprétations, mais qui correspond pour la plupart des chrétiens à une réalité. Comme pour les autres religions, des divergences de doctrine et de pratique ont provoqué des divisions au sein de l'Église, donnant naissance au catholicisme romain, au protestantisme et aux églises orthodoxes orientales.

Le mysticisme chrétien

Malgré leurs différences sur le plan du dogme et du culte, ces Églises partagent une foi commune : croyance en un Dieu tout-puissant, en Jésus-Christ intermédiaire entre les hommes et Dieu, en la Passion et la Résurrection du Christ, en la Sainte-Trinité, union du Père, du Fils et du Saint-Esprit en un seul Dieu.

Les caractéristiques du christianisme sont en général bien connues, mais on ignore parfois son aspect mystique. Le courant dominant du christianisme occidental est plus souvent associé à la morale et à la prière qui exprime une demande (aide ou guérison, pour soi ou pour les autres) qu'à la communion silencieuse avec Dieu qui se traduit dans la prière contemplative. Pourtant le mysticisme chrétien a une longue histoire, dont témoignent de nombreux ouvrages, depuis les textes attribués à Denis l'Aréopagite, un Athénien converti par saint Paul, qui eurent une influence considérable (on pense maintenant que l'auteur est un moine syrien du VIᵉ siècle), jusqu'aux écrits de Thomas Merton, un trappiste du XXᵉ siècle. Parmi les mystiques chrétiens dont les textes servent aujourd'hui de base à la méditation, on peut citer Julienne de Norwich, une recluse anglaise du XIVᵉ siècle qui a relaté ses expériences mystiques dans les *Révélations de l'amour divin*. *L'Imitation de Jésus-Christ*, recueil de prières et de conseils pour une vie de méditation et de dévotion à Dieu, attribué à Thomas Kempis, un mystique allemand du XVᵉ siècle, est lu chaque jour par de nombreux chrétiens, individuellement ou en groupe. Les *Exercices spirituels* d'Ignace de Loyola, qui datent du XVIᵉ siècle, constituent toujours la base de la formation des Jésuites, tandis que Thérèse d'Avila et Jean de la Croix, ses contemporains, espagnols eux aussi, figurent parmi les saints mystiques les mieux connus et les plus aimés. Dans ses écrits, Jean de la Croix a décrit la souffrance – processus de purification spirituelle inhérent à la quête mystique de Dieu – comme la « nuit obscure de l'âme », expression devenue synonyme de lutte spirituelle intense.

La plus parfaite connaissance de Dieu
est celle où Il est connu par inconnaissance.   Saint Denis

Le christianisme est par essence une religion mystique, le chemin vers Dieu par l'union avec Jésus Christ, le « Verbe fait chair ». Pour les chrétiens, Jésus est mort sur la croix afin de racheter les péchés du monde et sauver les hommes. Le sacrement du baptême, destiné à laver le péché originel, marque l'entrée du chrétien dans l'Église. L'eucharistie, ou sainte communion, symbolise la mort et la résurrection du Christ, dont le corps et le sang sont représentés par le pain et le vin. La résurrection du Christ symbolise la renaissance spirituelle et l'union avec Jésus, que peuvent atteindre tous ceux à qui il accorde sa grâce.

Le sens profond de la mort et de la résurrection de Jésus, qui est au cœur du mysticisme chrétien, ne peut être vraiment saisi que par l'expérience religieuse, favorisée par la contemplation silencieuse. Il y a toujours eu des contemplatifs qui réfléchissaient à ces mystères et ceux qui pratiquaient l'art de la simple prière – être simplement avec Dieu plutôt que de réfléchir sur Dieu – mais dans le christianisme contemporain ces derniers forment une minorité. Toutefois les choses sont en train de changer et de plus en plus de chrétiens reviennent à la prière silencieuse et retrouvent les pratiques de méditation des premiers chrétiens.

L'évangile de saint Luc raconte que des Pharisiens demandèrent à Jésus quand viendrait le Règne de Dieu. Jésus répondit : « Le Règne de Dieu ne vient pas comme un fait observable. On ne dira pas : "Le voici" ou "Le voilà". En effet, le Règne de Dieu est parmi vous. » *(Luc, 17, 20-21)*. En d'autres termes, on ne peut pas considérer que le Règne de Dieu se situe dans un endroit précis, au ciel ou ailleurs, ni qu'il « arrivera » un jour, dans le futur. Le Règne de Dieu, c'est la connaissance intérieure de Dieu, l'union mystique avec le Christ – et Dieu – ici et maintenant. Le but de la méditation pour un chrétien est donc de s'ouvrir et de devenir réceptif à la présence de Dieu à l'intérieur de soi, en apaisant l'esprit et en demeurant attentif et vigilant. Même si la méditation chrétienne est centrée sur le Christ et son enseignement, les techniques qu'elle emploie sont universelles.

Les Pères du Désert, les premiers moines qui vécurent dans le désert égyptien, enseignaient une méthode de méditation similaire aux techniques de yoga qui utilisent les mantras : concentration, contrôle du souffle et choix d'une phrase biblique ou d'une prière, par exemple récitation du nom de Dieu. Concernant la posture, ils conseillaient de s'asseoir, le corps droit mais détendu, et de fixer l'attention sur le cœur. Diadoque, évêque de Photice au Vᵉ siècle, enseignait une manière de réciter à voix basse la prière de Jésus en lien avec le souffle : « Jésus Christ, fils de Dieu » à l'inspiration, « Ayez pitié de nous » à l'expiration. Il est recommandé de répéter cette prière, lentement et en rythme, à la manière d'un mantra. Rien

Cette icône russe du XIXᵉ siècle, intitulée « L'Œil de Dieu qui voit tout », incite à la contemplation et pouvait être utilisée comme support de méditation.

Au commencement était le Verbe, et le Verbe était tourné vers Dieu, et le Verbe était Dieu.   Saint Jean, 1,1

d'autre n'est requis, ni concepts, ni images, ni pensées. Il suffit de s'immerger dans l'énergie de la prière et, quand l'esprit vagabonde, de ramener simplement l'attention sur la prière. Toute prière peut convenir. Le Notre Père, par exemple, que Jésus apprit à ses disciples *(Matthieu, 6, 9-13)*, s'adapte bien au rythme naturel de la respiration. L'expression araméenne *maranatha*, qui signifie «Venez, Seigneur», est une manière d'invoquer le Christ qu'utilisaient les premiers chrétiens dans leurs prières. Elle figure dans la première épître de saint Paul aux *Corinthiens (I, 16, 22)* et les chrétiens y ont traditionnellement recours dans la méditation, où elle peut être répétée à l'inspiration et à l'expiration. Chez les catholiques, le rosaire est également une forme de prière qui consiste à réciter cinquante (ou cent cinquante) *Ave Maria* et cinq (ou quinze) *Pater Noster* et *Gloria*, tout en méditant sur des thèmes chrétiens particuliers.

Pendant des siècles, l'Église a été le principal commanditaire d'œuvres d'art en Europe et ce n'est pas étonnant si les musées occidentaux abritent tant de tableaux traitant de thèmes religieux ou représentant des épisodes de la vie du Christ et des saints. Les mystères chrétiens, tels l'Annonciation, la Crucifixion ou le Jugement dernier ont été une source d'inspiration constante pour les artistes, dont les œuvres étaient conçues à l'origine en tant que supports de contemplation, et exécutées comme des exercices spirituels. Dans l'Église d'Orient, les icônes servent aussi de supports de méditation. Peintes à l'huile sur panneaux de bois, dans le style byzantin traditionnel, elles représentent le Christ, la Vierge Marie ou les saints et sont souvent exécutées lors d'états méditatifs. Plus que la figuration d'épisodes de l'histoire chrétienne, elles visent à traduire une expérience mystique et à exprimer le silence et le mystère de Dieu. Comme tout autre support de méditation, il faut d'abord contempler l'icône un moment, puis fermer les yeux et intérioriser l'image.

Pour beaucoup de gens, la musique est la forme d'art la plus sublime et la plus directe, capable d'élever l'esprit jusqu'à la transcendance. Au sein de l'Église, la musique a toujours joué un rôle important, sous diverses formes : psaumes, hymnes, plain-chant et, bien sûr, les grands chefs-d'œuvre de compositeurs inspirés par une foi profonde. Bach, par exemple, a composé la *Passion selon saint Matthieu* et la *Passion selon saint Jean* pour célébrer un moment clé de l'année liturgique : ces deux œuvres sont une méditation musicale sur le mystère de Pâques. Pour ceux qui ne la trouvent pas dans la prière, la musique peut traduire sur le plan esthétique l'expression de l'union mystique et de la dévotion à Dieu.

L'essence véritable de la tradition mystique chrétienne est le pouvoir transformateur de l'amour. Seul l'amour peut percer le «nuage d'inconnaissance» qui nous sépare de Dieu. Plus que n'importe quelle technique de contemplation, ce qui compte, c'est l'esprit dans lequel elle est pratiquée. Ceci est vrai de toutes les formes de méditation.

Ce tableau de Giovanni Bellini, *Saint François en extase*,
peint au XVᵉ siècle, montre le célèbre saint debout
pour accueillir le soleil du matin.

PRATIQUE
de la MÉDITATION

3

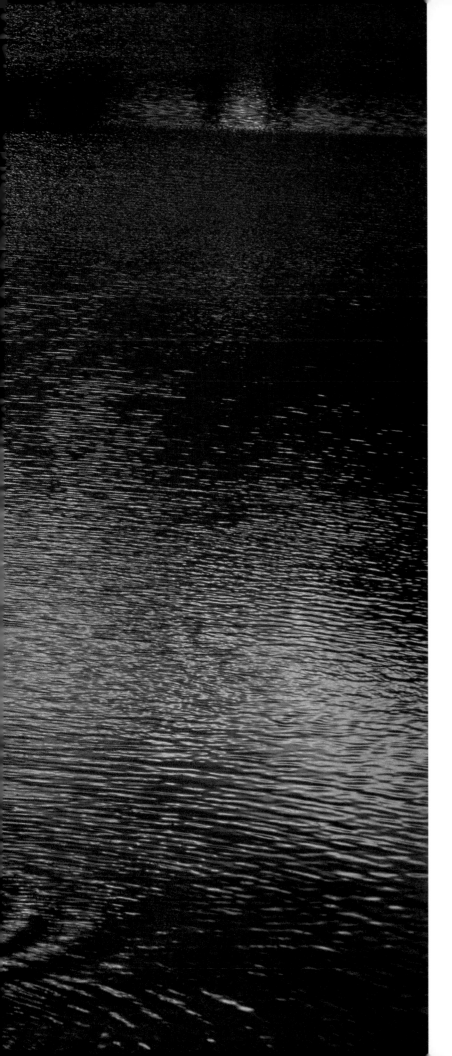

L'art de la méditation est l'art
de déplacer le centre de l'attention vers
des niveaux toujours plus subtils, sans
perdre de vue les niveaux précédents.

Je suis cela, Nisargadatta Maharaj

Apprendre à méditer est peut-être le plus beau cadeau que vous puissiez vous offrir, une manière de traverser les couches superficielles de la conscience pour atteindre la clarté et la tranquillité de niveaux plus subtils. Ce faisant, la méditation vous entraîne dans un voyage à la découverte de vous-même, qui vous apportera une compréhension nouvelle du fonctionnement de votre esprit et vous fera vivre parfois des expériences surprenantes.

Les bienfaits de la méditation sont considérables, pourtant elle n'est pas en soi un processus très compliqué. Les techniques simples s'avèrent souvent les plus efficaces et permettent à l'état méditatif de surgir avec facilité, naturel et plaisir. Plus vous appréciez de méditer, plus vous avez de chances de persévérer car, comme pour tout art – le piano, la danse ou l'escrime –, apprendre la méditation demande du temps, de la pratique, de l'intelligence et de la constance. Plus vous vous y engagerez, plus vous en retirerez de satisfactions. Mais, contrairement à d'autres disciplines, aucun talent spécial n'est requis, sinon la volonté d'ouvrir votre esprit et d'essayer. Le reste suivra. Avec de la curiosité et de l'enthousiasme, tout le monde peut apprendre à méditer.

Cette partie de l'ouvrage présente les principes de base de la méditation et offre un choix, nullement exhaustif, de techniques que vous pouvez expérimenter chez vous, sans adhérer à aucune croyance philosophique ou religieuse. Même si vous ne disposez que de dix minutes par jour, en intégrant la méditation dans votre vie vous améliorerez votre santé et votre bien-être physique, mental, émotionnel et, bien entendu, spirituel.

Je ne connais qu'une liberté qui est exercice de l'âme.

Citadelle, Antoine de Saint-Exupéry

La recherche du sculpteur Constantin Brancusi pour révéler l'essence
intime des choses trouve son expression dans la simplicité et l'élégance
de cette *Muse endormie III* (marbre, vers 1917).

Le but de la méditation et de la quête mystique est d'atteindre un état de calme intérieur total dans lequel aucune image ni pensée ne surgit. Peu de gens y réussissent sans une pratique assidue, c'est pourquoi les maîtres de méditation accordent une telle importance à la manière de traiter l'esprit; d'ailleurs, le sage Patañjali a défini le yoga dans une formule célèbre, affirmant qu'il consiste simplement à apaiser les mouvements de l'esprit. La méditation est le moyen d'y parvenir.

La plupart des débutants découvrent vite l'incroyable capacité qu'a l'esprit de produire une succession ininterrompue de pensées, et son indiscipline dès que l'on

Apaiser l'esprit

tente de le maîtriser, même quelques instants. Au lieu d'entrer dans un sentiment cosmique de calme intérieur absolu, les voilà à la poursuite d'un mental qui court à une allure record, faisant l'aller-retour Paris-Londres en l'espace de cinq secondes, non sans avoir entre-temps dîné au restaurant, assisté à plusieurs soirées et conclu deux ou trois affaires. Et encore, les bons jours! La capacité de l'esprit à être sans cesse actif et occupé est phénoménale, pourtant c'est souvent quand les pensées superficielles cessent que les vrais désagréments commencent : souvenirs de conflits, angoisses profondes, désirs, émotions, sentiments de colère ou d'inutilité. Et plus vous essayez de chasser ces intrus de votre conscience, plus ils s'imposent avec insistance.

N° 37 (Rouge), vers 1956, Mark Rothko. Rothko s'est consacré à exprimer le spirituel par l'art. Pour lui, les formes abstraites et les couleurs pures n'avaient de sens que si elles révélaient la vérité.

Il existe plusieurs façons d'aborder les innombrables scénarios concoctés par le mental durant la méditation, mais tenter de les bannir par la force réussit rarement, comme aimait le démontrer Swami Muktananda avec l'anecdote de l'apprenti méditant qui était obnubilé par l'image d'un singe chaque fois qu'il s'efforçait de méditer.

L'histoire raconte que l'apprenti alla voir un jour un guru très réputé. Il lui demanda des conseils pour méditer et le supplia de l'initier. Le guru accepta et, au moment propice, procéda à l'initiation. Une fois le rituel accompli, le maître murmura un mantra sacré, chargé de pouvoir, à l'oreille de son nouveau disciple, lui donna les instructions nécessaires et lui recommanda surtout de ne jamais penser à un singe.

Le jeune homme trouva ce conseil un peu bizarre mais ne s'inquiéta pas outre mesure puisqu'il ne s'intéressait nullement aux singes. De retour chez lui, il étendit sa natte, s'inclina vers les quatre points cardinaux, selon les instructions du guru, et s'assit pour méditer. Évidemment, à l'instant où il ferma les yeux, la première image qui lui vint à l'esprit fut celle d'un singe noir. Horrifié de sa désobéissance involontaire à son maître, le disciple fit tout son possible pour chasser l'affreuse apparition, en vain : chaque fois qu'il fermait les yeux, l'image s'imposait avec encore plus de force. Désespéré, il retourna voir le guru. Celui-ci, qui avait donné à son élève un exemple de la façon dont il ne faut pas s'y prendre avec le mental, lui en fournit un autre.

La vérité, c'est que seule la méditation vous apprend à méditer. Toutefois, quelques principes peuvent vous éviter un certain nombre d'égarements inutiles. L'un des préceptes de base de la méditation consiste à laisser les pensées et les images apparaître et disparaître sans chercher à les maîtriser et sans se laisser envahir par elles. Plus facile à dire qu'à faire, bien sûr. Par conséquent, si vous avez du mal à vous concentrer, vous pouvez essayer l'une des méthodes suivantes :

● Notez simplement les pensées, images, désirs et sentiments qui surgissent au cours de la méditation, sans jugement. Regardez-les traverser votre esprit comme des nuages dans le ciel.

● Comprenez que vos pensées ne sont rien de plus qu'une manifestation de la conscience. Laissez-les alors retourner dans l'espace infini de la conscience et s'y dissoudre, comme une goutte de pluie tombant dans un lac se mêle à l'eau.

● Imaginez que votre esprit est un écran sur lequel est projetée une succession d'images. Essayez de découvrir qui ou quoi les projette, et qui les observe.

● Sans chercher à chasser pensées ou sentiments, portez simplement votre attention sur votre souffle, sur un mantra ou tout autre objet de méditation que vous aurez choisi. C'est pour beaucoup de gens la méthode la plus facile, l'une des raisons d'être des techniques de méditation.

Les techniques de méditation ont pour but de nous aider à dépasser le bavardage mental et l'activité de l'esprit, afin d'atteindre le calme au plus profond de nous. Une fois que vous entrez dans cet état de pure conscience, elles n'ont plus d'utilité.

Plus petit encore que l'infinitésimal, plus grand encore que l'immense, [le Soi] repose au plus secret des créatures. Lorsqu'on est sans désir et qu'on a rejeté l'affliction, on devient limpide jusqu'à la racine : on aperçoit alors la majesté du Soi.

Katha Upanishad

Il faut du temps avant qu'un gland ne devienne un chêne.

De même, la transformation sur le plan spirituel ne peut se faire en un jour.

La culture occidentale se préoccupe des objectifs et vise la fin plus que les moyens. Bien des gens abordent la méditation dans le même esprit et sont en quête de résultats et de signes de réussite. La méditation est à l'opposé de cela. Même s'il est utile de clarifier vos objectifs au début et de les réévaluer de temps en temps, il faut les laisser de côté quand vous pratiquez. La méditation s'offre bien plus facilement à ceux qui ne sont pas obsédés par les résultats.

Toutefois la mesure de vos progrès dépend largement de ce que vous en attendez. Si votre but est de vous

Les signes de progrès

détendre après une journée de travail harassante, de recharger vos batteries ou de stimuler votre créativité, vous saurez que vous avez progressé dans la pratique de la méditation si ces objectifs sont atteints. De surcroît, vous en retirerez sans doute d'autres bienfaits. Si vous avez des objectifs plus ambitieux – et le but ultime de la méditation est de découvrir votre être véritable –, les choses ne seront peut-être pas aussi évidentes.

Dans une certaine mesure, la qualité de votre méditation vous indiquera vos progrès. Au début, les bénéfices sont surtout d'ordre physique : sentiment général de bien-être et détente profonde. À un stade ultérieur, les effets sont plus subtils car la méditation agit sur le psychisme. Divers sentiments et émotions, positifs et négatifs, peuvent surgir et vous risquez de traverser des périodes difficiles. S'ils sont sans lien avec ce qui se passe dans votre vie, c'est peut-être que la méditation a déclenché un processus de purification et que vous en ressentez les effets. Au cours de la méditation, il arrive que des pensées et des émotions anciennes qui bloquent la circulation de l'énergie intérieure soient ramenées à la conscience avant d'être expulsées. Il se produit un phénomène similaire quand vous jeûnez ou cessez de boire du café : dans un premier temps, vous vous sentez plus mal car le corps élimine les toxines. L'élimination des toxines physiques, mentales et émotionnelles peut être désagréable, mais elle ouvre la voie à une plus grande liberté intérieure. Comprenez qu'il s'agit d'un progrès et faites comme pour les pensées et les sentiments qui surgissent pendant la méditation : acceptez ce qui se passe et dites-vous que ce n'est rien d'autre que fantasmagories de la conscience.

Après quelque temps, la méditation risque de vous paraître ennuyeuse. Vous aurez peut-être l'impression d'avoir atteint un palier ou même de régresser. Dans ce cas, essayez une autre approche, modifiez vos habitudes. Rappelez-vous que la pratique de la méditation n'est pas un processus linéaire. C'est un peu comme dans un couple : il y a des hauts et des bas. Vous tombez amoureux – illumination fulgurante –, puis c'est la lune de miel – expériences profondes de méditation intense. Au bout d'un moment, l'exaltation retombe et l'habitude engendre l'ennui. Vous traversez une période de trouble. Vous ne vous sentez plus connecté. Vous remettez en cause la relation, vous rompez, temporairement du moins. Puis, réalisant la perte, vous renouvelez votre engagement. Souvent, c'est là que commence réellement le travail. Conclusion : soyez patients et souvenez-vous que l'évolution intérieure ne se fait pas en un jour. L'illumination peut surgir en un éclair, spontanément, comme la vision de saint Paul sur le chemin de Damas, mais elle se produit rarement sans préparation et sans avoir été recherchée. Tous les grands sages affirment que la persévérance est toujours récompensée, mais cela arrive invariablement quand on s'y attend le moins. De même que vous ne pouvez pas accélérer la croissance d'un gland sur un chêne, de même vous ne pouvez pas hâter votre propre développement, spirituel ou autre. Avec la méditation, vous semez la graine et avec la persévérance – en pratiquant quotidiennement –, vous préparez le sol et vous l'arrosez. Les résultats viendront en leur temps.

Au cours de vos séances de méditation, vous pouvez vivre diverses expériences. Par exemple, sentir des flots d'énergie circuler dans votre corps, ou ressentir des picotements. Des mouvements involontaires peuvent se produire : le corps qui tremble ou se balance d'un côté à l'autre, des gestes symboliques des mains, ou même des postures de hatha yoga. Vous noterez peut-être des modifications du rythme de la respiration : rétention spontanée du souffle, expiration vigoureuse, respiration restreinte. Les sentiments de félicité et les phénomènes psychiques tels que visions, lumières et sons surviennent fréquemment, surtout chez ceux dont l'énergie intérieure a été réveillée par l'initiation ou à la suite de leurs propres efforts. Tout cela peut vous encourager et vous indiquer que vous êtes sur la bonne voie. Mais si vous vous accrochez à ces manifestations, cela vous empêchera d'avancer. Mieux vaut les traiter de la même façon que les images, les émotions et les désirs qui surgissent pendant la méditation.

Aussi fascinantes que soient de telles expériences, le véritable progrès ne se mesure pas à votre capacité d'avoir des visions spectaculaires, ni à la fréquence de ces phénomènes. L'expérience ultime ne revêt aucune forme précise et il n'est besoin d'aucune preuve. Les signes réels d'évolution spirituelle sont : la disparition progressive de l'anxiété et des névroses, causes de tant de souffrances inutiles; une force accrue; une capacité grandissante à faire face à tout ce que la vie vous propose, sans être déstabilisé; le sentiment d'être mieux centré; et une sensation de profond calme intérieur.

Une once de pratique vaut dix tonnes de théorie.

Swami Vishnu Devananda

La pagode de Shwe Dagon, à Yangon en Birmanie,

offre un environnement paisible, propice à la méditation.

Une discipline de fer n'est pas nécessaire pour méditer mais, surtout si vous êtes novice, cela vous aidera beaucoup d'adopter une routine et de prendre dès le début de bonnes habitudes concernant la posture et la respiration. L'important n'est pas de devenir dépendant d'un rituel particulier – la méditation doit conduire à la liberté intérieure, pas à une dépendance accrue – mais d'ancrer votre pratique. Une fois ces bases acquises, vous pourrez méditer n'importe quand, n'importe où.

Nous vivons à une époque où nos emplois du temps sont tellement chargés que notre principal défi, pour installer une pratique de méditation,

Conseils pratiques

consiste peut-être tout simplement à trouver le temps de le faire. Si vous vous sentez concerné, la première chose à faire est de vous débarrasser de l'idée que consacrer du temps à votre moi intérieur serait égoïste. Naturellement, si en méditant vous privez votre conjoint et vos enfants du seul moment où ils peuvent vous voir, on peut considérer que c'est égoïste, mais en réalité le contraire est également vrai. En consacrant un peu de temps à la méditation – et dix minutes par jour peuvent suffire –, vous aurez sans doute plus d'énergie pour faire face à toutes vos obligations. Accordez-vous la permission de méditer, au moins pendant une période d'essai, et faites-en votre priorité. Vous verrez les résultats.

Dans la plupart des cas, l'attitude la plus réaliste consiste à se fixer un ou plusieurs moments précis dans la journée, sans toutefois que cela devienne une obsession. Selon de nombreux maîtres, l'aube et le crépuscule sont les moments les plus favorables car les cellules du corps se renouvellent et sont plus réceptives à l'énergie de la méditation. Voilà une perspective séduisante pour les personnes qui vivent dans une région du monde où l'heure du lever et du coucher du soleil ne subit pas d'écarts trop grands mais, si vous habitez en Alaska ou en Norvège, vos séances de méditation risquent de se dérouler à des moments de la journée très variables et un peu bizarres. Mieux vaut méditer après vous être levé, quand votre esprit est relativement clair, ou avant de vous coucher, ce qui peut favoriser votre sommeil; sinon, essayez de trouver le moment qui vous convient le mieux et où la méditation puisse s'intégrer dans votre quotidien. Attendez de préférence une heure ou deux après avoir mangé, davantage après un repas copieux; en effet, une séance de méditation en pleine digestion risque de dégénérer en sieste ! Veillez à ne pas être dérangé pendant que vous méditez. Branchez le répondeur et prévenez votre famille que vous voulez être tranquille; mettez des bouchons d'oreilles si nécessaire.

Si vous n'avez encore jamais médité, il est préférable d'augmenter peu à peu la durée de vos séances plutôt que de vous fixer des objectifs impossibles à atteindre. Cinq minutes d'attention soutenue valent bien mieux qu'une heure passée à rêvasser. Commencez par méditer au minimum dix minutes, au maximum une demi-heure, une ou deux fois par jour. À la fin, restez assis tranquillement pendant quelques minutes, pour permettre à votre expérience de méditation d'imprégner petit à petit le reste de votre vie.

Créer l'environnement adéquat

Le Bouddha connut l'illumination alors qu'il méditait sous un figuier. Un arbre semblable pousse à l'endroit où il s'était assis il y a 2 500 ans. Ce site est le principal lieu de pèlerinage des bouddhistes et il est considéré comme sacré, ce que peuvent comprendre tous ceux qui ont un jour été frappés par l'atmosphère particulière qui se dégage des endroits où des gens ont prié et médité intensément.

La puissance de votre méditation n'égale peut-être pas (encore) celle du Bouddha, mais créer votre propre «espace sacré», aussi modeste soit-il, améliorera votre pratique. Si vous vous installez toujours au même endroit, ce lieu deviendra un lieu de méditation, soit par association d'idées, soit, comme le pensent certains, parce qu'il sera chargé de l'énergie vibratoire produite par la méditation. Pour la même raison, il est généralement conseillé de s'asseoir sur un tapis ou une couverture réservés à cet effet et de porter les mêmes vêtements, afin d'entrer plus facilement dans l'état d'esprit requis.

Choisissez une pièce ou un coin tranquille où vous serez à l'aise et au chaud, et faites-en votre temple personnel en l'agrémentant de tout ce qui vous inspire : encens, bougie, fleurs,

images de saints ou de gurus, musique douce. Si possible, réservez cet endroit à la méditation et vous constaterez que, plus vous l'utiliserez, plus l'atmosphère sera propice à la méditation : il vous suffira de vous asseoir pour entrer en méditation simplement et naturellement.

Si ce n'est pas possible, et si vous avez du mal à entrer en méditation, suivez l'exemple du Bouddha et allez vous asseoir sous un arbre, au bord d'un lac ou au pied d'une cascade. La nature est toujours inspirante. Contemplez le ciel, regardez passer les nuages. Observez les gouttes de rosée sur les brins d'herbe. Tout peut devenir source d'inspiration et de méditation et, une fois le premier pas franchi, vous mettez en marche un processus irréversible. Finalement, c'est la méditation qui viendra vous chercher, et non vous qui rechercherez la méditation.

Faire brûler de l'encens permet de créer une atmosphère favorable à la méditation, comme ici, à la Pagode de Jade de l'Empereur, à Ho Chi Minh Ville, au Vietnam.

Le lotus

La position du lotus *(Padmasana)*, dans laquelle est généralement représenté le Bouddha, est le symbole même de la méditation. Le pied gauche est posé sur la cuisse droite et réciproquement ; cette position procure une assise ferme qui permet au méditant de rester complètement immobile mais vigilant. Mélange de force, de grâce et d'équilibre, la position du lotus ancre le bas du corps dans le sol, tandis que le tronc se redresse et que le sommet de la tête se tend vers le ciel. Elle symbolise le lien entre le ciel et la terre, Dieu et l'homme, l'universel et le particulier. Si vous restez immobile dans la position du lotus, la méditation se produira naturellement.

Parmi toutes les postures, deux sont spéciales : la première est la posture parfaite, la seconde est la position du lotus. *Aphorismes du yoga,* Patañjali

Posture

Le choix de la posture est fondamental en méditation. Toute position assise, jambes croisées, est bonne mais, si vous avez assez de souplesse dans les hanches et les genoux – et la plupart des gens peuvent développer cette souplesse –, les postures classiques sont excellentes car, avec de la pratique, il est possible de les maintenir longtemps tout en restant parfaitement immobile. Corps et esprit sont inextricablement liés, et le calme physique induit le calme cardiaque et mental. Garder le dos détendu mais droit est capital, car les nerfs spinaux commandent la plupart des mouvements du corps. Une posture correcte entraîne une respiration correcte. De la combinaison des deux découle un état d'esprit calme, tranquille, attentif, qui permet à la méditation de surgir spontanément.

Si vous êtes à l'aise dans la position du lotus, c'est l'idéal car cette base stable permet l'élongation naturelle de la colonne vertébrale. Cette posture est relaxante une fois que vos hanches, vos genoux et vos chevilles ont acquis une souplesse suffisante. Néanmoins, beaucoup d'Occidentaux, habitués à s'asseoir sur des chaises, sont un peu raides et il leur faut assouplir leurs articulations avant de pouvoir prendre cette position. Ne forcez jamais, vous risqueriez de vous faire très mal aux genoux ; essayez plutôt d'augmenter progressivement le temps pendant lequel vous maintenez la posture.

Si le lotus est trop difficile, vous pouvez commencer par le demi-lotus ou par le quart de lotus, ou encore par la posture parfaite *(siddhasana)*, posture classique de méditation, très vantée dans les textes consacrés au yoga. En dernier recours, asseyez-vous au sol en tailleur. Même si au début vous n'êtes pas très à l'aise, cela vaut la peine de persévérer, car les postures avec les jambes croisées assurent une assise ferme et stable, indispensable à la méditation. Commencez par garder la position une minute ou deux, puis une minute de plus et ainsi de suite. Sinon, vous pouvez vous agenouiller, les fesses sur les talons, ou vous asseoir sur une chaise à dossier droit. Encore une fois, l'essentiel, quelle que soit la posture, est de tenir la colonne vertébrale droite mais relaxée, de rentrer le menton et de relâcher les épaules. Imaginez un fil d'or qui part de votre coccyx, passe par le sommet de votre crâne et vous tire doucement vers le plafond.

Les mains peuvent être posées sur les genoux ou jointes contre l'abdomen. Dans les traditions du yoga, elles sont généralement placées sur les cuisses, paumes vers le haut ou vers le bas, avec les pouces et les index qui se touchent – geste qui symbolise la conscience et est censé empêcher l'énergie spirituelle intérieure de s'échapper. Dans le zen et les autres écoles bouddhistes, les mains reposent habituellement contre l'abdomen, l'une sur l'autre, paumes vers le haut, avec les extrémités des pouces qui se touchent, dans un geste qui symbolise la concentration. Dans la plupart des traditions les yeux sont fermés pendant la méditation, mais dans certaines écoles bouddhistes ils restent mi-clos, le regard baissé vers le sol à un mètre de distance, mais sans rien fixer en particulier : la concentration reste dirigée vers l'intérieur. Cela permet au méditant de rester attentif et lui évite d'être distrait par des images qui perturberaient sa méditation.

Le demi-lotus

Dans la position du demi-lotus, un seul des pieds est posé sur la cuisse opposée, l'autre se place en dessous. Cette posture, plus facile que le lotus, est une bonne préparation à celui-ci. Inversez régulièrement les jambes. Plus facile encore, le quart de lotus consiste à poser un pied sur le mollet opposé, l'autre pied sous la cuisse opposée. En plaçant un coussin ou une couverture pliée sous vos fesses, vous obtiendrez une meilleure posture : dos plus droit et genoux reposant plus facilement sur le sol.

Siddhasana

La *siddhasana*, appelée aussi posture parfaite, est censée mener à la libération et favoriser l'acquisition de pouvoirs miraculeux. Elle serait aussi très bénéfique pour les personnes célibataires, en les aidant à maîtriser leurs désirs et à tourner leur esprit vers l'intérieur. Dans cette posture, le talon gauche est posé contre le périnée, le droit contre l'os pubien, les orteils du pied droit insérés entre le mollet et la cuisse gauches. Un coussin dur sera placé sous les fesses si les genoux ne touchent pas le sol. Cette posture a pour effet de réveiller l'énergie spirituelle intérieure et de faciliter la méditation.

Posture en tailleur

Cette position est facile et agréable pour la plupart des gens. Elle le sera encore plus si vous vous asseyez sur un coussin, de manière à surélever les hanches. Comme pour toutes les postures, il est important de se tenir droit mais décontracté, avec la tête, le cou et le tronc à la verticale, tout en respectant la courbe naturelle de la colonne vertébrale.

La posture doit être stable et confortable. *Aphorismes du yoga*, Patañjali

La position agenouillée

La position agenouillée, avec les fesses reposant sur les talons, permet de garder le dos droit plus aisément que dans la posture en tailleur. Pour plus de confort, ou si vos fesses ne touchent pas vos pieds, mettez un coussin sur vos talons. Une variante consiste à placer les pieds de part et d'autre des fesses et à joindre les genoux; mettez un coussin sous vos fesses si elles ne touchent pas le sol.

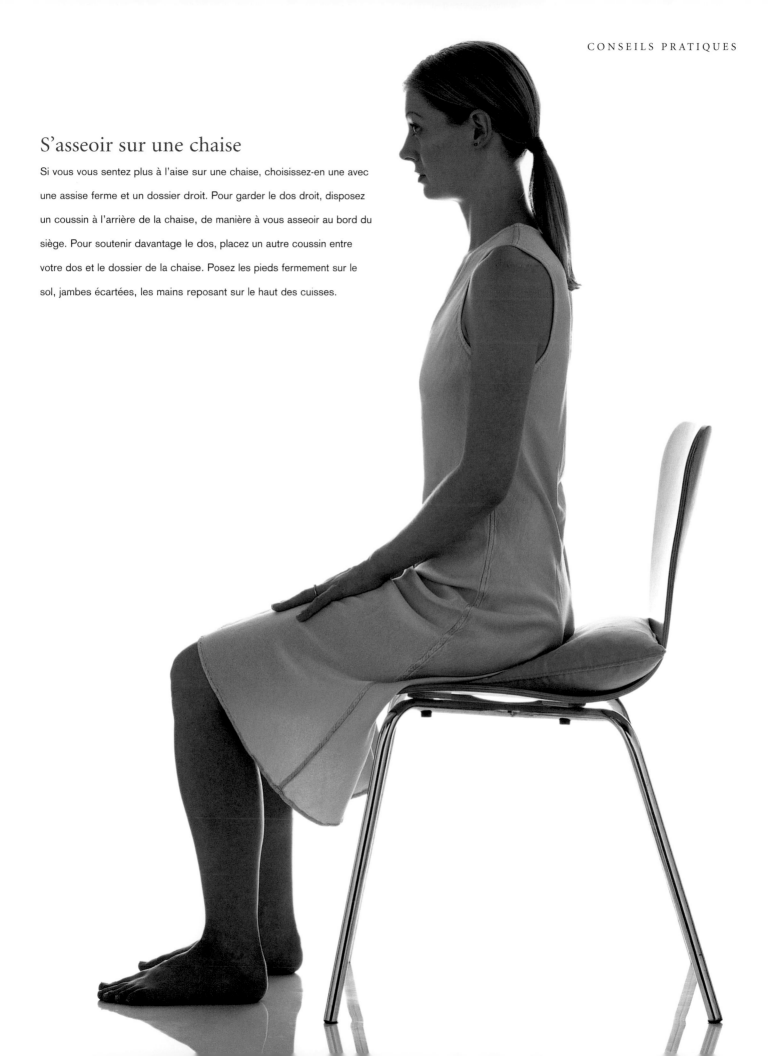

S'asseoir sur une chaise

Si vous vous sentez plus à l'aise sur une chaise, choisissez-en une avec une assise ferme et un dossier droit. Pour garder le dos droit, disposez un coussin à l'arrière de la chaise, de manière à vous asseoir au bord du siège. Pour soutenir davantage le dos, placez un autre coussin entre votre dos et le dossier de la chaise. Posez les pieds fermement sur le sol, jambes écartées, les mains reposant sur le haut des cuisses.

Relaxation

Même si la méditation a en elle-même un effet relaxant, détendre consciemment le corps et l'esprit au début de la séance aide à entrer en méditation plus facilement et plus rapidement. Passez en revue mentalement votre corps des pieds à la tête et détendez chaque partie : orteils, pieds, jambes, hanches, etc. jusqu'aux épaules, et continuez par le cou, la gorge, le visage et le sommet du crâne. Puis détendez mentalement les organes internes. Chaque fois que vous découvrez des points de tension, respirez ; à l'inspiration laissez pénétrer l'énergie, à l'expiration évacuez les tensions. Une fois votre corps détendu, relaxez votre esprit, sans juger les pensées et les émotions qui traversent votre conscience. Quand vous entrez en méditation, maintenez cet état de détente et d'attention et installez-vous dans le calme de votre cœur.

Respiration

Une posture droite et détendue favorise une respiration calme, régulière, qui apaise l'esprit et aide à entrer en méditation. La plupart des pratiques insistent sur l'attention au souffle, et certaines préconisent des techniques de respiration complexes mais, en règle générale, il faut laisser le souffle aller et venir naturellement, sans en perturber le rythme.

Au fur et à mesure que vous entrez plus profondément en méditation, des modifications du souffle se produisent parfois spontanément : la respiration peut devenir plus lente et plus légère, au point de donner l'impression de s'arrêter. C'est un peu déroutant, mais cela indique que votre esprit devient très calme. Essayez d'accepter ce qui se passe plutôt que de faire marche arrière. Vous constatez peut-être que les intervalles entre inspiration et expiration s'allongent ; dans ce cas, concentrez-vous sur ces intervalles. Une autre manifestation d'éveil de l'énergie intérieure est la rétention du souffle, parfois accompagnée d'une série d'expirations rapides à partir de l'abdomen. C'est la respiration ventrale des yogis, ou *bhastrika pranayama*, destinée à réveiller la kundalini, l'énergie spirituelle intérieure. Une pratique incorrecte risque de provoquer vertiges et nausées, il vaut donc mieux apprendre cette technique auprès d'un maître, sauf si elle se produit naturellement ; dans ce cas, tâchez de faire confiance au processus interne de purification et ne cherchez pas à intervenir sur ces phénomènes.

L'esprit de la méditation

Bien plus que le lieu, le moment ou même la technique, ce qui importe surtout est l'esprit dans lequel vous méditez. Invoquer la grâce (que ce soit celle de votre guide intérieur, de votre Dieu, de votre guru ou d'un saint) et dédier votre méditation (à la paix dans le monde ou à l'éveil de tous les êtres humains, par exemple) sont des moyens puissants pour que la méditation devienne pour vous plus qu'une façon de vous relaxer ou de trouver momentanément la paix de l'esprit.

Aimer la méditation et la pratiquer avec tendresse, enthousiasme et créativité ouvre le cœur et révèle la douceur du moi intérieur. Les personnes qui tirent les plus grands bienfaits de la méditation ne sont pas nécessairement celles qui ont des visions spectaculaires, mais celles qui réussissent à intégrer dans leur vie quotidienne cette expérience de calme et de joie intérieure et le sentiment de ne faire qu'un avec l'univers. Pour maintenir cette conscience, rien ne remplace la méditation régulière, suivie de quelques minutes où l'on reste tranquillement assis pour permettre à cet état méditatif d'imprégner toute notre existence. Vous créez ainsi un espace où pourra s'effectuer le processus subtil de l'évolution et de la transformation personnelles. Voilà le vrai miracle de la méditation.

Un chemin et une porte n'ont ni sens ni utilité
une fois que l'objectif est en vue.

Kashf-al-Mahjub, Ali al-Hujwiri

De même que les arcades de ce palais conduisent vers la lumière, de même les différentes techniques

de méditation sont des portes qui ouvrent sur le royaume intérieur.

Certaines personnes semblent capables d'entrer naturellement dans le calme de la conscience pure ; pour elles, les techniques sont plus un obstacle qu'un soutien. Mais la plupart des gens, livrés à eux-mêmes, risquent fort de tâtonner dans le noir et de ne faire aucun progrès. Nous avons besoin de quelque chose à quoi nous raccrocher quand nous nous enfonçons dans les recoins de notre conscience, et c'est là que les techniques peuvent nous aider. Elles fournissent à l'esprit un objet sur lequel se concentrer, nous permettant ainsi de dépasser le bavardage mental pour atteindre l'état de calme

Le choix d'une technique

intérieur. Les différentes techniques sont des portes qui ouvrent sur ce royaume intérieur. Au début, la méditation se pratique en portant l'attention sur la technique choisie. Une fois la méditation installée, la technique s'efface.

La majorité des techniques décrites ici sont employées depuis des millénaires et ont été transmises de maître à disciple. Elles restent pourtant efficaces si vous les faites vôtres. C'est un peu comme avec des chaussures neuves : elles ont parfois besoin d'être portées pendant quelques semaines avant de s'adapter parfaitement à votre pied. Certaines techniques risquent de ne jamais être vraiment agréables. Passez-les en revue et, si l'une d'elles vous attire, essayez-la pour voir si elle vous convient.

La méditation est l'identification complète
avec la technique utilisée, quelle qu'elle soit.   Chogyam Trungpa

Trop souvent la recherche de la «bonne» technique s'apparente à la quête du Graal. Oubliant que les techniques sont des moyens, et non des fins, nous nous obstinons à chercher la meilleure méthode ou le meilleur mantra et nous craignons, si nous faisons le «mauvais» choix, que cela compromette notre vie spirituelle tout entière. En réalité, c'est l'indécision qui nous paralyse; évitez donc de passer trop de temps à décider quelle est «la» bonne technique. Sauf si vous avez été initié à une méthode particulière par un maître autorisé (auquel cas elle portera sans doute ses fruits plus rapidement), les techniques n'ont rien de spécialement sacré. Ce ne sont que des outils destinés à vous emmener à la découverte de votre être véritable. La technique est un support qui permet à l'esprit d'entrer dans l'espace intérieur de sa nature propre, et vous pouvez la laisser de côté une fois que l'état de méditation est installé. La vraie méditation, c'est la présence totale, ce n'est pas réciter un mantra ou visualiser une bougie allumée.

À la question «quelle technique utiliser?», la réponse est simple : celle qui marche. Tout ce qui vous met sur la voie et vous aide à parcourir un bout de chemin est bon. Le reste dépend des préférences et des circonstances. Même si certains moyens sont plus efficaces que d'autres pour la plupart des gens, finalement, que vous voyagiez à pied ou à bicyclette, dans une limousine avec chauffeur ou dans un train bondé, l'important est que vous alliez dans la bonne direction. Les techniques simples sont aussi efficaces que les méthodes compliquées, du

moment qu'elles vous amènent à destination. Au bout du compte, aucune technique n'est nécessaire.

Toutefois, avant de simplement vous asseoir et entrer en méditation, il vous faut apprendre les rudiments. De même qu'un musicien doit étudier les notes, les doigtés, etc., avant de pouvoir improviser sur son instrument, de même le méditant novice a intérêt à suivre des méthodes éprouvées. Cela vous obligera peut-être à en essayer plusieurs mais, en général, quand vous en trouverez une bonne pour vous, vous le sentirez. Ensuite, il faudra vous approprier cette technique, la transformer en une expérience personnelle et individuelle. Vous saurez qu'une méthode vous convient si elle vous semble naturelle et agréable. Cela ne signifie pas que vous devrez vous y tenir pour toujours, ni vous consacrer exclusivement à cette technique sans en essayer d'autres. Expérimentez, éprouvez du plaisir, et vous verrez bien où cela vous mènera. Tôt ou tard, il vous faudra abandonner la technique et la dépasser.

Cette mosaïque chrétienne du Vᵉ siècle, qui représente le baptême du Christ entouré des Apôtres, a la même fonction qu'un mandala et pourrait être utilisée comme support visuel de méditation. Elle orne le plafond du dôme du Baptistère néonien à Ravenne. Les premiers chrétiens la contemplaient sans doute durant les offices.

Dieu est le souffle de tous les souffles.

Kabir

Le souffle est la force vitale, l'expression primordiale de notre être, et il constitue la base d'une grande diversité de techniques de méditation. La plupart de ces méthodes sont simples et naturelles et leur absence de connotations religieuses ou philosophiques – même si elles sont pratiquées dans presque toutes les traditions – leur confère un intérêt universel.

Le souffle est intimement lié aux états physiques, psychiques et émotionnels. Une personne détendue respire calmement et régulièrement alors que, si elle est anxieuse ou en colère,

L'attention au souffle

sa respiration s'accélère, devient irrégulière et souvent bruyante. Dans les moments de suspense ou d'effort physique intense, nous retenons notre souffle pour rassembler notre énergie. Nous comprenons instinctivement le lien entre le souffle et le mental, et nous l'utilisons pour faire face aux émotions fortes ou aux situations difficiles. Tout le monde sait que respirer à fond est l'un des anti-stress les plus efficaces; quand on se concentre sur l'inspiration et l'expiration, le souffle s'apaise naturellement, devient plus régulier, et l'on commence à se sentir plus calme et plus centré.

En méditation, il ne faut pas chercher à contrôler consciemment la respiration. Elle devient d'elle-même plus régulière et plus calme. Respirez normalement, de façon naturelle. Si vous constatez que votre respiration se modifie spontanément, qu'elle devient plus lente, plus légère ou que vous retenez involontairement votre souffle, laissez faire. Ce phénomène est tout à fait naturel et indique que la méditation progresse.

L'exercice ci-contre combine plusieurs techniques d'attention au souffle, à commencer par celle qui consiste à relaxer le corps. Une autre méthode consiste à observer les mouvements de votre ventre quand vous inspirez et quand vous expirez, et à vous concentrer sur la sensation au niveau de vos narines. Le comptage des respirations se pratique couramment dans le zen et d'autres écoles bouddhistes. Il s'agit de compter de un à dix, soit à l'inspiration, soit à l'expiration, et de recommencer tout au long de la méditation.

La concentration sur le souffle est une pratique très ancienne et c'est un excellent point de départ pour méditer. On peut lui associer d'autres techniques, par exemple la récitation d'un mantra, ou encore utiliser la technique de hamsa, décrite pages 152 à 155.

La vie commence
    par une respiration
et se termine par une respiration

Yogi Bhajan

Notre respiration est un pont
entre notre corps et notre esprit.

Thich Nhat Hanh

Se concentrer sur le souffle

Lisez l'ensemble des instructions une fois ou deux avant de commencer. Vous pouvez aussi les enregistrer, mais veillez à laisser des plages assez longues entre deux.

Asseyez-vous confortablement, jambes croisées, dans la position de votre choix, ou sur une chaise si vous préférez, jambes décroisées et les pieds bien à plat sur le sol. Redressez le dos, la tête et le cou, mais sans crispation. Rentrez le menton et posez les mains contre votre abdomen ou sur vos cuisses. Le poids de votre corps bien centré sur vos fesses, sentez la pression exercée sur les ischions (les os des fesses), ainsi que votre colonne vertébrale qui s'allonge, comme si une ficelle invisible vous tirait, du coccyx au sommet de la tête, vers le plafond. Un coussin placé sous les fesses pour relever les hanches vous aidera à maintenir le dos droit et à accroître le flux d'énergie qui circule à travers le corps. Les yeux fermés ou mi-clos, détendez-vous consciemment pendant quelques instants. Passez en revue votre corps pour détecter les zones de tension, respirez pour vous relaxer : l'inspiration laisse pénétrer l'énergie, l'expiration chasse les tensions.

Maintenant, portez votre attention sur votre respiration, sans chercher à en modifier le rythme naturel. Laissez votre souffle circuler librement et votre esprit flotter. Suivez le mouvement du souffle qui va et vient, observez les images et les sentiments qui apparaissent et disparaissent, sans les juger, et laissez-les passer comme des nuages dans le ciel. Si vous êtes déconcentré, ramenez doucement votre attention sur le souffle, sans essayer de refouler pensées ou fantasmes. Revenez à votre respiration, soyez tout entier dans votre souffle.

Il vous sera peut-être utile de compter les respirations pour vous concentrer : comptez un sur la première inspiration, deux sur la première expiration, trois sur la deuxième inspiration, quatre sur la deuxième expiration, et ainsi de suite jusqu'à dix. Puis reprenez à un.

À la fin de la séance, ouvrez les yeux lentement et restez assis pendant quelques instants, pour vous imprégner de votre méditation et l'intégrer dans votre vie quotidienne.

Vous devriez toujours réciter le mantra en sachant que le mantra, le but du mantra et le récitant du mantra ne font qu'un.

Swami Muktananda

Le mantra tibétain *om mane padme hum* est gravé sur ces pierres qui se trouvent à Ladakh, au Cachemire.

Le fait de se concentrer sur une syllabe, un mot ou une phrase, ou de les répéter, est peut-être la technique de méditation la plus répandue, et ce serait, dit-on, la voie la plus facile vers la réalisation de soi. Cette pratique remonte aux Veda, les textes sacrés les plus anciens de l'Inde, mais elle a été popularisée dans les années 1960 par Maharishi Mahesh, qui a fait connaître à l'Occident sa méthode de Méditation Transcendantale®. Pour lui, la méditation sur un mantra n'implique aucune croyance particulière, et des personnes de toutes cultures et de toutes religions la pratiquent avec succès. Les méditants qui suivent

Méditer sur un mantra

cette méthode se voient remettre un mot sanskrit spécialement choisi, sans signification pour eux, et des instructions sur la façon de le réciter. On retrouve cette pratique dans différentes traditions spirituelles, notamment le yoga, le bouddhisme tibétain, le soufisme, et de plus en plus parmi les chrétiens et chez des personnes qui n'adhèrent à aucune philosophie ou école de pensée particulière. Sacrés ou non, les sons et les mots utilisés en méditation sont généralement appelés des mantras – mot emprunté au sanskrit, la langue ancienne de l'Inde. Mais, au sens strict, ce terme s'utilise dans le contexte de l'hindouisme ou du bouddhisme, où il revêt une signification sacrée, étant porteur d'un pouvoir spirituel qui permet au méditant de se relier à son être véritable.

Selon la légende, les mantras traditionnels employés par les yogis ont été, à l'origine, révélés aux sages en méditation profonde sous la forme de vibrations intérieures. Les syllabes et les mots répétés par les pratiquants sont proches de ces sons subtils et constituent, en quelque sorte, l'enveloppe extérieure de ces vibrations. Les mantras, transmis de maître à disciple durant des millénaires, sont chargés d'un pouvoir sacré, chaque syllabe entrant en résonance avec l'énergie divine. Quand il récite un mantra, à voix haute ou basse, le méditant s'imprègne de sa puissance vibratoire ; son esprit est alors dirigé vers l'intérieur de son être de manière tout à fait naturelle. Pour qu'un mantra délivre tout son pouvoir, il faut qu'il soit transmis par un maître éclairé.

La syllabe *om* est l'arc, et le soi est la flèche.
La cible est la Réalité Ultime. Mundaka Upanishad

La syllabe sacrée *om* est peinte sur le rocher dans lequel a été creusé
ce temple, près des vestiges de Golconde, à Hyderabad, en Inde.

Om (*aum*) et autres mantras sacrés

De tous les mantras sacrés, le plus connu est *om*, le son primordial de l'hindouisme, qui remonte à l'époque des Veda.
Considéré comme une manifestation divine, il serait le son
silencieux préexistant à la création et qui fait vibrer éternelle-
ment l'univers. En plus de son utilisation en tant que mantra,
om figure souvent au début et à la fin des prières, avec le sens
de « en vérité » ou « ainsi soit-il », un peu comme le « Amen »
des chrétiens. On le combine parfois à d'autres mantras pour
renforcer le pouvoir de ceux-ci, dont l'un des plus célèbres est
le mantra indien traditionnel *om namah shivaya*, considéré
comme le grand mantra rédempteur. Ce dernier signifie
« Om, salutations à Shiva » mais on peut l'interpréter plus largement comme un hommage à l'étincelle divine présente
dans le cœur de chacun d'entre nous, Shiva représentant le
moi intérieur. Autre mantra célèbre, la formule des bouddhistes tibétains *om mani padme hum* se traduit littéralement
par « Om, le joyau dans le lotus », mais sa signification est si
riche que le lama Anagarika Govinda a consacré plus de trois
cents pages à l'analyser. *Mani*, qui signifie joyau, symbolise
entre autres l'essence même de notre être profond, ce que le
bouddhisme nomme parfois la vacuité et qui se révèle quand
notre esprit est calme et que les couches intermédiaires de
notre conscience ont été traversées. *Padme*, qui signifie lotus,
symbolise l'ouverture spirituelle nécessaire pour atteindre
mani. *Hum* est aussi intraduisible que *om* mais symbolise
notre éveil potentiel et la vérité du vide enclose dans les
pétales du non-vide. Ce mantra est censé amener le récitant à

l'intérieur de lui-même et lui permettre d'accéder à des niveaux supérieurs de conscience.

Récité seul, *om* se prononce en trois syllabes distinctes : *A-O-M (AOOOOOOMMMMM)*. On attribue un grand pouvoir spirituel à la fois au mot entier et à ces trois sons séparés. *Om* peut s'utiliser aussi comme un yantra – l'équivalent visuel d'un mantra – en tant qu'objet de méditation.

Bien que la récitation de mantras soit une pratique essentiellement hindouiste et bouddhiste, elle existe aussi dans bien d'autres traditions. Les différents noms de Dieu peuvent être de puissants mantras, tout comme les prières courtes ou les phrases inspirantes des textes sacrés. Selon l'Ancien Testament, le nom propre de Dieu, représenté par les lettres hébraïques YHWH (*Yahweh, Yahvé* ou *Iahvé*), est trop sacré pour être prononcé mais, au sein du judaïsme, d'autres noms de Dieu, Elohim ou Jéhovah par exemple, peuvent lui être substitués. Les lettres hébraïques ont elles-mêmes une connotation mystique et servent aussi de support de méditation. Les chrétiens utilisent parfois l'expression araméenne *maranatha*, qui signifie « Venez, Seigneur », ou d'autres invocations (voir pages 109-113). La pratique du *thikr*, la récitation des noms et attributs de Dieu, ou de passages sacrés du Coran, tient une place importante dans la méditation islamique. La première phrase du Coran, *la ilaha illa'llah* (« Il n'y a de Dieu qu'Allah ») est souvent utilisée comme mantra par les soufis, de même que la répétition continue de « Allah, Allah ».

Mantras neutres et non religieux

Les adeptes de traditions spirituelles considèrent généralement les mantras comme des formules sacrées investies d'un pouvoir divin, promesse d'évolution et de transformation intérieures. Mais pour le non-croyant ce ne sont que des suites de sons et de syllabes qui aident à se concentrer et à chasser toute autre pensée. La répétition d'un son ou d'un mot, indépendamment de son sens, peut en effet entraîner une relaxation profonde. N'oublions pas cependant que la récitation d'un mantra n'a pas pour but de provoquer le genre d'état hypnotique qui peut résulter d'une répétition machinale. La méditation, contrairement à l'hypnose, est un état de pleine conscience dans lequel l'esprit est calme mais entièrement présent. Il est possible d'atteindre un état de pleine conscience sans l'aide de mantras sacrés, comme l'a découvert lord Alfred Tennyson, grand poète anglais du XIXe siècle. Dans une lettre à B. P. Blood, il évoque :

« ... une sorte de transe éveillée – faute d'un meilleur mot – que j'ai souvent connue dès l'enfance, lorsque je me trouvais seul. Cela se produisait quand je me répétais tout bas mon nom jusqu'à ce que soudain, comme sous l'effet d'une conscience intense de mon individualité, cette individualité même semblait disparaître et se fondre dans l'être infini, et il ne s'agissait pas d'un état de confusion mais de lucidité, de certitude absolue, totalement indicible – où la mort était presque impossible et dérisoire – où la perte de la personnalité (s'il y en avait une) semblait non pas une disparition, mais la seule vraie vie. J'ai honte de ma faible description. N'ai-je pas dit que cet état est absolument indicible ? »

Vous pourriez faire pire que suivre l'exemple de Tennyson et répéter votre propre nom, comme il l'a fait avec des résultats aussi spectaculaires, si vous voulez essayer la méditation sur un mantra mais que vous soyez gêné par les connotations mystiques ou religieuses des mantras sacrés. Sinon, choisissez un mot, une phrase ou un son avec lesquels vous vous sentez en accord.

Maintes fois quand j'étais seul,
Me répétant à moi-même
Le nom qui est le symbole de moi-même,
La limite mortelle du Soi se détachait
Et passait dans le sans-nom,
Comme un nuage se fond dans le ciel.

L'Ancien Sage, Lord Alfred Tennyson

Ces adeptes de Hare Krishna, vêtus de leurs tuniques, défilent en psalmodiant leur mantra dans les rues de Barcelone, en Espagne.

L'utilisation d'un mantra

Les mantras sont souvent psalmodiés par les adeptes, comme ceux du mouvement Hare Krishna par exemple, qu'on a pris l'habitude de voir défiler dans les rues des villes d'Amérique et d'Europe, répétant indéfiniment : Hare Krishna, Hare Krishna, Krishna Krishna, Hare Hare, Hare Rama, Hare Rama, Rama Rama, Hare Hare. On dit que chanter tout haut un mantra purifie intérieurement et extérieurement, ouvre le cœur et prépare à la méditation. Pendant la méditation proprement dite, il est préférable de réciter le mantra à voix basse ou mentalement, si pos-

sible au rythme du souffle, en le répétant une fois sur l'inspiration, une fois sur l'expiration. Écoutez le son des syllabes quand vous récitez un mantra, de façon à vous en imprégner totalement. Si vous êtes plutôt visuel, cela peut vous aider de visualiser chaque syllabe du mantra sous forme écrite – en lettres de lumière dorée, par exemple – tandis que vous les murmurez.

La récitation d'un mantra

Lisez l'ensemble des instructions une fois ou deux avant de commencer. Vous pouvez aussi les enregistrer, mais veillez à laisser des plages assez longues entre deux.

Asseyez-vous confortablement, dans la position de votre choix, ou sur une chaise si vous préférez, les pieds bien à plat sur le sol. Redressez le dos, la tête et le cou, mais sans crispation. Rentrez le menton et posez les mains contre votre abdomen ou sur vos cuisses. Le poids de votre corps bien centré sur vos fesses, sentez votre colonne vertébrale qui s'allonge, comme si une ficelle invisible vous tirait, du coccyx au sommet de la tête, vers le plafond. Un coussin placé sous les fesses vous aidera à maintenir le dos droit et à accroître le flux d'énergie qui circule à travers le corps. Les yeux fermés ou mi-clos, détendez-vous pendant quelques instants. Passez en revue votre corps pour détecter les zones de tension, respirez pour vous relaxer : l'inspiration laisse pénétrer l'énergie, l'expiration chasse les tensions.

Maintenant, commencez à réciter le mantra *om namah shivaya*, ou tout autre son ou mantra de votre choix, mentalement, selon votre rythme de parole habituel ou un peu plus lentement. Vous pouvez coordonner le mantra avec votre souffle. Dans le cas d'un mantra de quatre à six syllabes, répétez-le une fois à l'inspiration, une fois à l'expiration, etc. Un mot d'une ou deux syllabes, « paix » ou « Allah » par exemple, peut être répété deux ou trois fois à chaque inspiration et expiration. Les mantras plus longs ou les prières doivent être coupés en deux : par exemple, « Jésus Christ, fils de Dieu » sur l'inspiration, « Ayez pitié de nous » sur l'expiration.

Respirez naturellement quand vous récitez un mantra, mais si le rythme de votre respiration se modifie spontanément, n'intervenez pas. Laissez le mantra épouser votre souffle, concentrez-vous sur le son des syllabes et imprégnez-vous-en. Si votre attention s'égare, ramenez-la doucement sur le mantra, sans chercher à chasser pensées ou fantasmes, et sentez que vous êtes entouré par le champ de force créé par l'énergie vibratoire du mantra.

À la fin de la séance, ouvrez les yeux lentement et restez assis quelques minutes pour vous imprégner de votre méditation et lui permettre de s'intégrer dans votre vie quotidienne.

Il est vénéré sous la forme du cygne *(hamsa)* qui connaît
le cygne présent dans le cœur et doté du son silencieux,
félicité de la conscience qui s'illumine elle-même.

Brahma-Vidya-Upanishad

Les textes anciens du yoga décrivent le son du souffle comme un mantra : à l'inspiration, il produit le son «ha», à l'expiration il produit le son «sa». Entre l'inspiration et l'expiration, entre le moment où le «ha» se fond dans l'être et celui où le «sa» émerge, la nasale «m» s'intercale, si bien qu'à chaque respiration complète on entend le son «hamsa» («cygne»). Parce que tout être vivant le répète spontanément et sans effort, consciemment ou non, le son hamsa est considéré comme le mantra naturel. On le nomme aussi la récitation non récitée parce qu'il se produit de lui-même, sans être répété de façon mécanique, que ce soit tout haut ou

La technique de hamsa

mentalement. La technique de hamsa consiste simplement à prendre conscience du souffle et à écouter le son subtil qu'il produit à l'inspiration et à l'expiration. Le mantra hamsa est aussi appelé mantra *so'ham* parce que la série *hamsa-hamsa-hamsa* peut aussi s'entendre inversée : *so'ham-so'ham-so'ham*, qui signifie «je suis cela» et symbolise l'identification du moi individuel avec l'infini. Ainsi, à chaque respiration le corps réaffirme sa vraie nature.

La technique de hamsa est considérée comme très puissante car elle aide à réveiller la kundalini, l'énergie spirituelle qui dort en tout individu. Par ce procédé, le souffle se fait plus subtil et l'esprit devient très calme. Avec la pratique, vous constaterez que l'intervalle entre les respirations s'agrandit, mais ne forcez rien. C'est l'espace du soi. Entrez-y.

Exercice pratique de hamsa

Lisez l'ensemble des instructions une fois ou deux avant de commencer. Vous pouvez aussi les enregistrer, mais veillez à laisser des plages assez longues entre deux.

Asseyez-vous confortablement, jambes croisées, ou sur une chaise, jambes décroisées et les pieds bien à plat sur le sol. Redressez le dos, la tête et le cou, sans crispation. Rentrez le menton et posez les mains contre votre abdomen ou sur les cuisses. Le poids du corps bien centré sur les fesses, sentez votre colonne vertébrale qui s'allonge, comme si un fil vous tirait, du coccyx au sommet de la tête, vers le plafond. Un coussin placé sous les fesses vous aidera à maintenir le dos droit et à accroître le flux d'énergie qui circule à travers le corps. Les yeux fermés ou mi-clos, détendez-vous pendant quelques instants. Passez en revue votre corps pour détecter les tensions, respirez pour vous relaxer : l'inspiration laisse pénétrer l'énergie, l'expiration chasse les tensions.

Maintenant, portez votre attention sur votre respiration, sans en modifier le rythme. Notez le moment où chaque inspiration et chaque expiration commence et se termine. Suivez le mouvement de votre souffle et écoutez le son qu'il produit en entrant et en sortant. À l'inspiration vous devriez entendre le son « *ham* » ou « *hum* », et à l'expiration le son « *sa* » ou « *so* ». Entre ces deux mouvements, dans la région du cœur, il y a un point d'immobilité totale avant que le va-et-vient ne reprenne. Portez doucement votre attention sur ce point d'équilibre, cet instant d'immobilité parfaite, sans chercher ni à le prolonger ni à l'écourter : observez-le seulement. À l'expiration, projetez ce point d'immobilité à l'extérieur, à vingt centimètres environ du bout de votre nez, là où l'expiration se termine et où l'inspiration suivante commence. Maintenant concentrez-vous sur le moment où le souffle est brièvement suspendu, sans chercher à le prolonger. Quand vous êtes dans cet espace à mi-chemin entre inspiration et expiration, expiration et inspiration, il s'ouvrira naturellement et vous expérimenterez l'expansion de la conscience.

Si votre attention s'égare, ramenez-la doucement sur votre souffle, sans essayer de chasser pensées ou fantasmes. Restez conscient de la répétition continue des sons « *ham* » et « *sa* », sans cesser de contempler l'espace entre ces deux sons.

À la fin de la séance, ouvrez lentement les yeux et restez assis pendant quelques instants, pour vous imprégner de votre méditation et lui permettre de s'intégrer dans votre vie quotidienne.

Voir un Monde dans un Grain de Sable

Et un Ciel dans une Fleur Sauvage,

Tenir l'Infini dans la paume de la main,

Et l'Éternité dans une heure.

Augures d'innocence, William Blake

William Blake possédait la vision spirituelle d'un mystique et il avait le génie de communiquer son expérience par l'art et la poésie. Les vers célèbres par lesquels débutent ses *Augures d'innocence* traduisent dans un langage éminemment poétique la manière dont les choses les plus ordinaires, si nous les regardons vraiment, peuvent ouvrir les portes de la perception et nous permettre d'entrevoir l'infini.

La visualisation utilise la capacité naturelle qu'a l'esprit de créer et recréer des images et, ce faisant, de les transcender et d'attein-

Techniques de visualisation

dre des niveaux de conscience supérieurs.

La plupart des enfants sont remarquablement doués pour produire des images mentales et certains ont des visions, comme c'était le cas du jeune Blake. Mais, contrairement à la plupart d'entre nous, Blake conserva cette faculté jusqu'à la fin de ses jours, et la richesse de sa vie intérieure fut la source de son génie artistique. La facilité à créer des images tend à s'émousser avec l'âge, et la quantité incroyable d'images dont nous sommes bombardés aujourd'hui, par l'intermédiaire de la télévision, du cinéma ou des jeux vidéo, nous a d'une certaine façon appauvris et a diminué notre capacité de visualisation. Avec la pratique, celle-ci peut toutefois être restaurée.

L'imagerie religieuse et symbolique a pour fonction, dans la plupart des traditions, de développer la conscience et de favoriser l'évolution spirituelle. Comme nous l'avons vu, les représentations de scènes de la vie du Christ, de la Vierge et des saints, dans les tableaux ou les icônes, servent de supports de méditation pour les chrétiens (pages 108-111). Les symboles mystiques se retrouvent dans de nombreuses traditions : l'arbre de vie kabbalistique (page 107), le symbole taoïste du yin et du yang (pages 98-99), les chakras du yoga (page 64). Les diagrammes mystiques ont atteint le summum de la complexité et de l'esthétique dans les mandalas du bouddhisme tibétain, aux couleurs éclatantes et au symbolisme puissant. Les mandalas, dont nous parlerons en détail plus loin, sont des dessins circulaires représentant le cosmos et la psyché individuelle ; le plus célèbre est la Roue de la vie (page 83).

La visualisation est une méthode de méditation caractéristique du tantrisme, mais aussi d'autres formes de yoga. Il n'est cependant pas indispensable d'utiliser des mandalas, et l'on conseille aux débutants de pratiquer la visualisation avec un objet simple. Par la suite, des images plus complexes pourront être utilisées. Contempler la flamme d'une bougie dans une pièce sombre est un moyen connu de tout temps pour commencer. Les yeux sont attirés naturellement par l'éclat de la flamme et l'image est facile à conserver les yeux clos. Au bout d'un moment, en effet, il faut fermer les yeux et intérioriser la flamme, ce qui constitue le procédé le plus subtil. Au fur et à mesure que votre capacité de visualisation se développera, vous aurez plus de facilité à conserver l'image de la flamme ou d'un autre objet dans votre esprit. Finalement, vous n'aurez plus besoin d'images extérieures. À ce propos, malgré certaines similitudes, il ne faut pas confondre les techniques de visualisation utilisées en méditation avec les techniques de visualisation créatrice, qui font appel aux affirmations positives, aux images mentales et aux rêves dirigés pour favoriser le développement personnel, la guérison, la réalisation d'objectifs, etc.

Quand la visualisation s'améliore, la perception augmente ; certaines personnes disent « voir » vraiment les choses pour la première fois. Une goutte de rosée sur un brin d'herbe nous procure alors le même plaisir esthétique que la rose la plus délicate ou le diamant le plus pur. Le but ultime, bien sûr, est de voir l'univers entier tel qu'il est réellement, tout le temps. C'est cela l'illumination.

Des pierres lisses sont de bons supports de méditation visuels, surtout pour ceux qui préfèrent éviter les symboles religieux.

Le choix d'un objet ou d'une image

Les supports de méditation visuels vont des choses les plus simples, un brin d'herbe par exemple, aux images les plus complexes. La flamme d'une bougie ou toute autre source de lumière sur fond sombre constitue un support classique, mais n'importe quelle image ou objet peut être utilisé et visualisé selon la méthode décrite dans l'exercice de contemplation de la bougie. Les plus courants sont :

Objets et éléments naturels, tels que pierres, feuilles ou fleurs, montagnes, cascades ou ciel. Les petits objets ont l'avantage de s'intégrer dans tout espace de méditation et doivent être posés sur une table ou autre support à peu près au niveau des yeux. Ils présentent aussi l'intérêt d'être agréables à la vue et dénués de connotations religieuses ou mystiques – à l'exception de la fleur de lotus, figurée dans les mandalas et les images des chakras, et chargée d'un riche symbolisme pour le bouddhisme et le yoga. Née dans la boue, une fois éclose elle représente dans sa beauté parfaite le cœur ou centre mystique et symbolise l'éveil spirituel. On retrouve le même symbolisme en Occident avec la rose, qui représente, elle aussi, le cœur ou centre mystique, la perfection et la plénitude.

Les formes géométriques et les couleurs. Également très efficaces, elles jouent un rôle capital dans les mandalas et autres diagrammes mystiques, ainsi que dans les méditations kasina décrites plus loin. Le cercle apparaît dans toutes les traditions ; il symbolise le moi ou la psyché et exprime la totalité ultime de la vie.

Les symboles universels, tel l'œuf, qui tient une place dans la plupart des traditions. L'œuf cosmique représente potentiellement la graine de la vie, la matière primordiale. Ce symbolisme est présent dans l'œuf de Pâques, emblème de l'immortalité. Autre symbole moins courant, le phénix, oiseau fabuleux qui renaissait périodiquement de ses cendres, représente la renaissance aussi bien physique que spirituelle.

Œuvres d'art et symboles mystiques et religieux, tels ceux mentionnés plus haut et illustrés dans la deuxième partie de cet ouvrage, ainsi que les mandalas et les yantras des pages 166 à 169. Ces images peuvent induire des formes plus subtiles de visualisation, par exemple la concentration sur le point central d'un mandala, qui représente « le point immobile du monde qui tourne », l'énergie potentielle qui est à l'origine de la réalité révélée du monde manifeste.

Les syllabes mystiques Certains sons, lettres et mots, tel le mantra *om*, sont censés correspondre à des réalités psychiques particulières. En plus d'être répétées à voix haute ou intérieure en tant que mantras, les lettres peuvent être visualisées mentalement, ensemble ou séparément, sous leur forme écrite.

L'imagerie intérieure. La forme de visualisation la plus raffinée, qui n'a besoin d'aucune image ni objet externe, est celle de lumières et autres images intérieures. Des visualisations simples de ce genre sont décrites plus loin, dans le chapitre sur les dharanas, et dans l'exercice de la page 165, qui est une version plus subtile de l'exercice sur la contemplation d'une bougie.

Contempler la flamme d'une bougie

Lisez l'ensemble des instructions une fois ou deux avant de commencer. Vous pouvez aussi les enregistrer, mais veillez à laisser des plages assez longues entre deux.

Dans une pièce sombre où vous aurez disposé une petite bougie allumée à un mètre de vous environ, à peu près à hauteur de vos yeux, asseyez-vous confortablement dans la position de votre choix. Il ne doit pas y avoir de courants d'air dans la pièce, pour éviter que la flamme de la bougie ne vacille trop. Redressez le dos, la tête et le cou, mais sans crispation. Rentrez le menton et posez les mains contre votre abdomen ou sur vos cuisses. Le poids de votre corps bien centré sur les fesses, sentez votre colonne vertébrale qui s'allonge, comme si un fil invisible vous tirait, du coccyx au sommet de la tête, vers le plafond. Un coussin placé sous les fesses vous aidera à maintenir le dos droit et à accroître le flux d'énergie qui circule à travers le corps. Les yeux fermés ou mi-clos, détendez-vous pendant quelques instants. Passez en revue votre corps pour détecter les zones de tension, respirez pour vous relaxer : l'inspiration laisse pénétrer l'énergie, l'expiration chasse les tensions.

Maintenant, ouvrez les yeux et, en respirant naturellement, fixez votre attention sur la flamme. Contemplez-la de manière détendue pendant quelques minutes. Soyez réceptif, laissez la flamme se révéler à vous sans faire appel à votre mental. Continuez à la regarder, même si vos yeux larmoient. La pratique qui consiste à fixer un objet jusqu'à ce que les yeux larmoient est connue en yoga sous le nom de *trataka*. Peu à peu, vous découvrirez d'autres caractéristiques de la flamme, d'autres couleurs. Si votre attention vagabonde, ramenez-la doucement sur la flamme. Gardez les muscles oculaires et faciaux détendus.

Au bout de deux ou trois minutes, fermez les yeux. Vous verrez sans doute une image se former entre vos sourcils. Concentrez-vous sur cette image jusqu'à ce qu'elle disparaisse, puis recréez-la mentalement et laissez son halo vous éclairer de l'intérieur. Après quelques minutes, rouvrez lentement les yeux et réitérez tout le processus. Passez de la contemplation de la bougie à sa visualisation durant tout le temps de votre méditation. Au début, l'image aura peut-être du mal à se former et s'évanouira rapidement, mais avec un peu de pratique vous réussirez à la conserver plus longtemps.

À la fin de la séance, ouvrez lentement les yeux et restez assis pendant quelques instants. Imprégnez-vous de votre méditation et sentez que la lumière remplit tout votre être.

J'allumerai dans ton cœur une flamme
de compréhension qui ne pourra s'éteindre. Apocryphe

Voir la lumière

La lumière est le symbole universel par excellence de la conscience mystique : nous parlons d'illumination à propos de l'expérience spirituelle. La lumière est vénérée depuis des temps immémoriaux, soit sous la forme du soleil, soit sous la forme du principe suprême, source de toute lumière, comparé dans la *Bhagavad-Gita* à « la lumière de mille soleils ».

L'une des formes de méditation les plus simples et les plus efficaces consiste à se visualiser soi-même rempli ou enveloppé de lumière. Cette pratique, un peu plus subtile que la contemplation d'une bougie, est pourtant facile et très relaxante. Dans l'exercice de méditation ci-contre, la lumière est visualisée dans la région du cœur, mais il existe toutes sortes de variations sur ce thème. Pour vous imaginer rempli de lumière, asseyez-vous simplement pour méditer, comme indiqué ci-après, les yeux fermés, et visualisez un rayon de lumière brillante qui pénètre par le sommet de votre crâne et inonde tout votre corps. Pour vous imaginer entouré de lumière, visualisez un cocon lumineux – blanc, bleu, rose ou de toute autre couleur que vous aimez – qui vous enveloppe.

Visualiser la lumière dans votre cœur

Asseyez-vous confortablement, comme pour l'exercice page ci-contre, et fermez les yeux. Portez votre attention sur votre respiration, sans en modifier le rythme naturel. Tout en suivant le mouvement de votre souffle, concentrez-vous sur la région du cœur. Sentez votre souffle qui entre et sort à cet endroit. Maintenant prenez conscience d'une lueur subtile au centre de votre cœur.

À mesure que vous entrez plus profondément à l'intérieur de vous, la lumière grandit et devient plus brillante, comme un soleil d'or qui vous illumine du dedans. Sentez ses rayons chauds et lumineux qui inondent votre être ; sentez que vous êtes vous-même une lumière – une lumière spirituelle, pure, dorée.

Les méditations kasina

Les *Visuddhimagga*, ou « Chemin de Pureté », sont des textes du XVe siècle qui décrivent en détail les techniques de méditation utilisées dans le bouddhisme Theravada (voir page 85). Les dix kasinas, « champs intégraux », conseillés comme supports visuels de méditation sont : les quatre éléments, terre, eau, feu, vent (air) ; les quatre couleurs, bleu, jaune, rouge, blanc ; l'espace et la conscience. La conscience est traditionnellement représentée par la lumière, qui symbolise l'état de conscience le plus élevé, l'illumination. Les méditations kasina ont un équivalent dans les cinq dharanas (pratiques de concentration) décrites dans le *Hatha-Yoga-Pradipika*, l'un des textes classiques du hatha yoga, qui recommande de se concentrer sur chacun des éléments suivants : terre, eau, feu, air et espace.

Pour méditer sur l'un ou l'autre des kasina, le pratiquant doit choisir un objet adéquat, comme indiqué ci-après :

1   **Élément terre** Il peut être représenté par un disque en terre cuite ou une assiette remplie de terre. Si vous méditez à l'extérieur, un champ labouré, de la terre en pot ou un parterre de fleurs peuvent convenir.

2   **Élément eau** À l'intérieur, il peut être représenté par un verre ou un bol d'eau ; à l'extérieur, par des gouttes de rosée, un étang ou un lac, une cascade, un ruisseau, une rivière ou la mer.

3   **Élément feu** À l'intérieur, cela peut être la flamme d'une bougie, un feu de cheminée ou des braises rougeoyantes ; à l'extérieur, un feu pour brûler des herbes.

4   **Élément vent** Bien que le vent ne puisse être observé directement, ses effets sont manifestes dans le mouvement des solides, des liquides et des gaz. À l'intérieur, observez les feuilles d'une plante agitées par un courant d'air, la fumée d'un bâton d'encens qui s'élève en volutes, ou un rideau en tissu léger qui bouge devant une fenêtre ouverte. Dehors, vous pouvez regarder des plantes qui se balancent dans le vent, des drapeaux qui flottent, des nuages qui passent, etc.

5-8   **Les couleurs bleue, jaune, rouge et blanche** Elles peuvent être représentées par n'importe quel objet de la couleur choisie, ou par une simple feuille de papier ou un disque peints. Par exemple, pour le bleu, prenez une coupe avec des fleurs disposées de manière à former une masse dense de bleu, un tissu bleu, de la peinture bleue, etc. Si vous méditez à l'extérieur, regardez le ciel ou la mer, par exemple.

9   **L'espace** Il est figuré par l'espace entre des objets ou par le vide. À l'intérieur, concentrez-vous sur un récipient vide, une sculpture comportant un trou ou une porte ouverte. À l'extérieur, concentrez-vous sur des arbres, des immeubles, ou sur les espaces entre eux.

10 La conscience Comme nous l'avons dit, elle est représentée par la lumière, source de l'illumination ou conscience suprême. À l'intérieur, méditez sur la lumière d'une lampe, du soleil entrant par la fenêtre, ou des rayons colorés de la lumière réfractée par une boule en cristal taillé. À l'extérieur, méditez sur la lumière qui filtre à travers le feuillage, les reflets de la lumière sur l'eau, la lumière de la lune ou des étoiles.

Les objets kasina ne sont pas des fins en soi, mais des moyens pour atteindre l'absence de pensées qui caractérise les états

Les rochers, comme ceux de ce jardin zen japonais, peuvent aussi représenter l'élément terre dans une méditation kasina.

supérieurs de conscience. La concentration sur un objet matériel aide à fixer l'attention et à conduire l'esprit vers un état de calme intérieur. La méthode décrite ci-après peut facilement s'adapter à n'importe quel objet.

Visualiser la couleur bleue

Lisez l'ensemble des instructions une fois ou deux avant de commencer. Vous pouvez aussi les enregistrer, mais veillez à laisser des plages assez longues entre deux.

Après avoir disposé à un mètre de vous environ, à peu près à hauteur des yeux, un objet bleu de votre choix – des fleurs, un disque peint ou la photo d'un objet bleu, par exemple cette sculpture d'Anish Kapoor intitulée *At the Hub of Things* (« Au cœur des choses ») –, asseyez-vous confortablement dans la position de votre choix. Redressez le dos, la tête et le cou, mais sans crispation. Rentrez le menton et posez les mains contre votre abdomen ou sur les cuisses. Le poids du corps bien centré sur les fesses, sentez votre colonne vertébrale qui s'allonge, comme si un fil invisible vous tirait, du coccyx au sommet de la tête, vers le plafond. Un coussin placé sous les fesses vous aidera à maintenir le dos droit et à accroître le flux d'énergie qui circule à travers le corps. Les yeux fermés ou mi-clos, détendez-vous pendant quelques instants. Passez en revue votre corps pour détecter les zones de tension, respirez pour vous relaxer : l'inspiration laisse pénétrer l'énergie, l'expiration chasse les tensions.

Maintenant, ouvrez les yeux et, en respirant naturellement, concentrez-vous sur l'objet bleu. Fixez-le, mais de manière détendue, pendant quelques minutes et laissez-le s'imprimer dans votre esprit, sans faire appel à votre mental pour le détailler. Continuez à le regarder jusqu'à ce que votre conscience et votre esprit en soient entièrement imprégnés. Si votre attention vagabonde, ramenez-la doucement vers la couleur bleue. Gardez les muscles oculaires et faciaux détendus.

Au bout d'un moment, fermez les yeux et récréez intérieurement la couleur bleue. Visualisez-la aussi longtemps que vous pouvez, puis réitérez l'ensemble du processus. Continuez alternativement à regarder l'objet et à visualiser la couleur pendant toute la durée de votre méditation. Au début, vous aurez peut-être du mal à recréer mentalement la couleur, mais avec un peu de pratique vous y parviendrez plus facilement et vous pourrez garder plus longtemps l'image intériorisée du bleu. Cette image intérieure deviendra finalement aussi distincte que dans la réalité, peut-être même un peu plus affinée. Comme avec les yeux ouverts, laissez les pensées ou les autres images qui surgissent traverser votre esprit, et ramenez doucement votre attention sur la couleur bleue.

À la fin de la séance, ouvrez lentement les yeux et restez assis tranquillement pendant quelques instants pour vous imprégner de votre méditation. Notez si votre visualisation est devenue plus précise que quand vous avez commencé à méditer.

Mandalas et yantras

Mandala (mot sanskrit signifiant « cercle ») est le nom donné à des dessins circulaires qui symbolisent la vérité universelle et servent de supports de méditation. Un mandala représente les forces du cosmos et le moi individuel, le macrocosme et le microcosme. Il figure le processus selon lequel l'Un, matérialisé par le mystérieux point central ou *bindu*, devient le multiple, et il symbolise le voyage mystique qui consiste à traverser les couches de la conscience pour connaître l'expérience de la conscience pure ou unité divine.

Même si le contenu d'un mandala varie d'une culture à une autre, sa forme est universelle et il est considéré presque partout comme un symbole religieux ou mystique. Parmi les plus beaux exemples chrétiens, on peut citer les rosaces de la cathédrale d'York en Angleterre, le tableau de Sachseln, ainsi que les fresques et mosaïques qui ornent les sols ou les plafonds des églises (voir ill. page 141). Les miroirs chinois que l'on désigne parfois sous le nom de « miroirs TLV » en raison de la décoration qui évoque ces trois lettres, sont aussi des mandalas qui représentent l'univers, le point central symbolisant le retour à l'unité de la conscience. On retrouve la forme du mandala dans l'art islamique, ainsi que dans le symbolisme de la mythologie et de l'alchimie. Quand des images en forme de mandalas surgirent spontanément dans ses rêves, le psychologue Carl Gustav Jung commença à s'y intéresser et découvrit que certains de ses patients faisaient des expériences similaires. Il en conclut que le mandala représente la psyché et appartient à l'inconscient collectif.

Mais il ne fait aucun doute que l'art de créer et de visualiser des mandalas s'est particulièrement développé au sein du tantrisme hindouiste et bouddhiste. Les mandalas du bouddhisme tantrique, telle la célèbre Roue de la vie reproduite page 83, sont des œuvres d'art très élaborées, aux couleurs éclatantes, au symbolisme riche et complexe, comme on peut le voir dans les *tanka*, peintures religieuses sur lesquelles ils figurent souvent. Le fait de créer, ou même simplement de commander un mandala est en soi considéré comme un acte de méditation méritoire. Un mandala peut être dessiné avec du sable coloré (voir page 169), ou bien prendre la forme d'une construction en trois dimensions, comme les stupas tibétains ou le célèbre temple de Borobudur à Java ; il peut aussi être créé mentalement. Dans ce dernier cas, de grands pouvoirs de visualisation sont requis, et il est préférable d'être guidé par un maître qui choisira un mandala adapté à la personnalité et aux qualités du disciple.

Un *yantra* – mot sanskrit signifiant littéralement « instrument » ou « support » – est un diagramme mystique conçu comme support de méditation, afin d'atteindre la conscience divine. Comparés aux mandalas tibétains, les yantras du tan-

Le yantra *Om*. Un yantra (« instrument ») est un diagramme mystique et symbolique qui représente les plans et les énergies de l'univers – dans le cas présent, la structure énergétique du mantra *om*. Équivalent visuel du mantra, le yantra, utilisé en particulier dans les pratiques tantriques (voir page 70), est un outil qui permet d'atteindre la conscience divine par la méditation.

trisme hindouiste (dont le plus célèbre est le yantra *shri* reproduit pages 72-73, suivi du yantra *om* page précédente) sont relativement simples. La plupart des yantras sont des mandalas ou formes circulaires et, comme les mandalas tibétains, ils peuvent prendre l'aspect d'une construction en trois dimensions. La différence principale est que les yantras ont tendance à être plus abstraits que les mandalas. Le yantra est un dessin géométrique constitué d'un carré à l'intérieur duquel se trouvent des cercles concentriques (dont certains sont bordés de pétales de lotus), des triangles qui s'imbriquent les uns dans les autres, et un point central nommé bindu. Le bindu est la matrice mystérieuse qui représente la semence de la création, l'univers dans sa forme non visible. Il symbolise la pure conscience indifférenciée et le point de rencontre du microcosme et du macrocosme. C'est vers ce point qu'est attiré le méditant quand il contemple ou visualise un yantra ; une fois relié au centre, il peut s'identifier à la conscience universelle.

Les yogis qui ont une longue pratique créent des yantras mentalement, par la visualisation, souvent en association avec d'autres techniques, telle la récitation d'un mantra approprié, sans référence à une quelconque représentation matérielle.

Visualiser un mandala ou un yantra

Bien qu'il s'agisse d'images plus complexes, qui exigent des capacités plus développées, les mandalas et les yantras peuvent être visualisés de la même façon que les objets utilisés dans les méditations kasina (voir exercice page 165 « Visualiser la couleur bleue »).

Gardez les muscles oculaires et faciaux détendus, laissez votre regard se poser d'abord sur le point central du mandala ou du yantra, puis s'étendre progressivement vers la périphérie, et ensuite revenir lentement au centre. Les mantras correspondants peuvent être récités pendant que vous contemplez le yantra.

Ce splendide mandala a été méticuleusement réalisé par des moines

bouddhistes du Bhoutan, avec du sable coloré qu'ils ont inséré

grain par grain.

Les principaux chakras sont situés le long d'un canal central
qui suit la colonne vertébrale, comme le montre ce dessin du XVIIIᵉ siècle
qui vient de Himachal Pradesh en Inde.

Les chakras

Comme indiqué pages 62-69, certaines formes de yoga – en particulier le hatha yoga, le kundalini yoga et le tantra yoga – sont
basées sur le concept de « corps subtil », une sorte d'équivalent
immatériel du corps physique, composé d'un réseau de canaux
énergétiques (nadis) et de centres d'énergie appelés chakras. Les
principaux chakras sont situés le long d'un canal central
nommé *sushumna*, qui suit la colonne vertébrale, et chacun est
associé à un symbole visuel, ou yantra, et à un bija, ou mantra
germe, son symbolique qui représente la potentialité. Le but
principal de ces divers yogas est de réveiller la *kundalini*, le pouvoir divin qui sommeille, dit-on, dans le chakra *muladhara*, à la
base de la colonne vertébrale, et de la faire monter dans le chakra *sahasrara*, au sommet de la tête ; là, la conscience individuelle fusionne avec la conscience divine, et le yogi connaît l'éveil.

Traditionnellement, la montée de la kundalini s'effectue en
méditant tour à tour sur chaque chakra (à partir du bas) et en
le visualisant tout en récitant le mantra germe qui lui est associé. Lorsqu'elle monte, la kundalini traverse les centres d'énergie et se fond dans le lotus aux mille pétales, le chakra situé au
sommet du crâne. La visualisation peut s'accompagner d'une
technique quelconque de contrôle du souffle, ainsi que de
gestes spécifiques. Les formes complexes de méditation doivent
se dérouler de préférence sous la surveillance d'un maître qua-
lifié, mais les formes plus simples de visualisation des chakras
peuvent se pratiquer selon la méthode de visualisation des
mandalas et des yantras expliquée ci-dessus, en utilisant la description des chakras pages 64-65.

Vous pouvez aussi essayer l'exercice ci-contre, adapté d'un
livre ancien de yoga intitulé *Vijnana Bhairava*. Dans cette
méditation, la kundalini, au lieu de passer successivement par
chaque chakra, monte directement de bas en haut, à la manière d'un éclair.

Visualiser la montée directe de la kundalini

Lisez l'ensemble des instructions une fois ou deux avant de commencer. Vous pouvez aussi les enregistrer, mais veillez à laisser des plages assez longues entre deux.

Asseyez-vous confortablement, jambes croisées, dans la position de votre choix, ou sur une chaise si vous préférez, jambes décroisées et les pieds bien à plat sur le sol. Redressez le dos, la tête et le cou, mais sans crispation. Rentrez le menton et posez les mains contre votre abdomen ou sur vos cuisses. Le poids de votre corps bien centré sur vos fesses, sentez la pression exercée sur les ischions (les os des fesses), ainsi que votre colonne vertébrale qui s'allonge, comme si une ficelle invisible vous tirait, du coccyx au sommet de la tête, vers le plafond. Un coussin placé sous les fesses pour relever les hanches vous aidera à maintenir le dos droit et à accroître le flux d'énergie qui circule à travers le corps. Les yeux fermés ou mi-clos, détendez-vous consciemment pendant quelques instants. Passez en revue votre corps pour détecter les zones de tension, respirez pour vous relaxer : l'inspiration laisse pénétrer l'énergie, l'expiration chasse les tensions.

Maintenant, portez votre attention sur la base de votre colonne vertébrale et visualisez la kundalini, l'énergie divine, jaillissant du chakra muladhara, scintillant comme les rayons du soleil, et montant comme un éclair jusqu'au chakra situé au sommet de la tête. Méditez sur la fusion de la kundalini, à la fin de sa trajectoire, avec la lumière de la conscience universelle.

À la fin de la séance, ouvrez lentement les yeux et restez assis quelques instants. Imprégnez-vous de votre méditation et sentez que la lumière de la pure conscience se propage dans votre vie quotidienne.

Variante : Méditez en visualisant la kundalini sous la forme d'une colonne de lumière dorée qui monte le long de la colonne vertébrale en traversant tour à tour chaque chakra, puis atteint le sommet de la tête et fusionne avec la lumière de la conscience universelle.

MAÎTRES et GURUS

4

La révélation suprême de Dieu se manifeste
chez les prophètes et les saints hommes.
Les vénérer, c'est vénérer vraiment Dieu.   *Yi-king*

Les mérites du guru – cet être éveillé capable d'embraser l'étincelle d'énergie spirituelle du disciple – ont été vantés de tout temps, surtout en Orient. Bien sûr, les conseils d'un maître expérimenté sont un avantage dans presque tous les domaines mais, malgré des techniques apparemment similaires, il y a un abîme entre la méditation pratiquée pour se relaxer et la méditation pratiquée pour atteindre l'éveil spirituel. Les buts que vous vous fixez insufflent une énergie particulière au processus et donnent lieu à des expériences et à des résultats différents. Si vous méditez principalement pour un bien-être physique et émotionnel, les conseils d'un professeur avec qui vous vous sentez à l'aise et qui a une bonne expérience de la méditation – ou même les instructions d'un livre ! – vous aideront à mettre en place une pratique. Si la méditation fait partie pour vous d'un itinéraire spirituel, travailler avec un maître authentique capable de vous inspirer, de vous empêcher de trébucher sur les obstacles, de vous remettre dans le droit chemin et de vous aider à comprendre les expériences que vous vivez, est extrêmement bénéfique. Un tel maître devra bien connaître les territoires intérieurs pour les avoir maintes fois parcourus, et il devra avoir plusieurs longueurs d'avance sur vous.

Il est cependant demandé bien davantage à un *sadguru*, un « vrai maître », dont le simple contact, un regard, un mot ou une pensée peut suffire à initier le disciple (voir page 181), en donnant une impulsion décisive à l'évolution spirituelle de ce dernier par la transmission de pouvoir. Celle-ci active l'énergie intérieure latente du disciple et accélère son avancée sur la voie. Une fois cet éveil intérieur réalisé, le pratiquant entre naturellement en méditation. De tels maîtres possèdent un pouvoir spirituel immense et leur seule présence peut avoir un impact considérable sur la vie spirituelle de leurs disciples. Il est toutefois difficile d'en trouver un et il ne manque pas, hélas, de prétendus gurus qui seront trop heureux d'accepter votre argent et votre admiration, mais ne vous rendront pas plus sages, sauf dans des domaines où les scrupules ne sont guère de mise. La relation avec un guru se termine trop souvent par la désillusion et le chagrin, même si en général les disciples sincères et intelligents perçoivent les signaux à temps pour se désengager avant que des dommages durables ne se soient produits.

Quand vous évaluez un maître, rappelez-vous que les apparences sont parfois trompeuses. Celui qui montre une sincérité et une foi des plus ardentes peut s'avérer le plus dangereux, le plus égaré. Ceux qui ont une attitude prévisible, conventionnelle, et proposent un enseignement conforme aux textes, risquent néanmoins de ne pas savoir attiser la flamme spirituelle chez leurs élèves. En revanche, un maître doté de « folle sagesse », indifférent aux conventions, adepte de méthodes parfois imprévisibles et apparemment irrationnelles, peut réussir là où d'autres échouent, propulsant ses élèves dans des états modifiés de conscience grâce à des tactiques de choc. Plutôt que de proposer des directives spirituelles et des conseils de vie, sa méthode consiste à faire voler en éclats les limites de la pensée rationnelle et à trancher dans l'illusion d'un moi séparé.

Parmi les maîtres dotés de qualités spirituelles authentiques, beaucoup hélas finissent par être corrompus par l'adulation de leurs disciples et le pouvoir absolu dont ils sont investis, et la réputation de quelques-uns se trouve parfois ternie par des accusations de dérives sexuelles ou financières. La dévotion de la foule ainsi qu'une vision idéalisée de ce que doit être le comportement d'un maître spirituel entraînent souvent leur chute. Les adeptes mettent la barre très haut et se sentent trahis quand ces critères ne sont pas remplis. L'une des principales erreurs des disciples de certains grands chefs spirituels est de croire que ces derniers sont au-dessus des règles de conduite normales. Mais les personnes éveillées sont également des êtres humains, malgré leur rapport avec le divin. En tant que tels, ils ont leur personnalité, leurs attirances et leurs répulsions, et ils sont faillibles, comme tout le monde. Leur corps vieillit et meurt, de la même façon que pour les autres êtres humains. Cela n'enlève rien à leur grandeur, qui réside dans leur pouvoir spirituel capable d'allumer la flamme chez les autres.

Puisque vous vous investirez à fond dans une relation avec un maître spirituel, cela vaut la peine de le choisir avec soin. Alors, comment choisir le maître qui vous convient ?

Considéré par beaucoup comme un maître éclairé, Osho (1931-1990), d'abord connu sous le nom Bhagwan Shree Rajneesh, a été controversé. Son enseignement était un mélange de mysticisme oriental et de méditation, de thérapies cathartiques occidentales, de travail sur le corps et de liberté sexuelle.

Gardez-vous des faux prophètes, qui viennent à vous vêtus en brebis,
mais qui au-dedans sont des loups rapaces.

Matthieu, 7, 15

Cette fresque du XIVe siècle, qui vient d'une église de Padoue en Italie, représente

le Christ témoignant de son humilité en lavant les pieds de ses disciples lors de la Cène.

On dit souvent : quand l'élève est prêt, le maître apparaît. Certains ajouteront peut-être : nous avons le guru que nous méritons, auquel cas il serait plus sage de travailler à être un bon disciple plutôt que de partir en quête d'un maître. Vous pouvez apprendre beaucoup de quelqu'un qui ne sera peut-être pas finalement votre maître. En fait, la plupart des gens qui suivent une voie spirituelle étudient avec plusieurs personnes avant de trouver leur maître définitif, de la même façon qu'un virtuose en herbe travaille avec plusieurs professeurs avant de par-

Trouver un maître authentique

ticiper à des « master classes ».

Ceci dit, en général vous « savez » quand vous avez trouvé le maître qui vous convient. Un sentiment d'évidence s'impose à vous. Même dans ce cas, cependant, mieux vaut rester sceptique, voire méfiant, et garder vos distances jusqu'à ce que vous n'éprouviez plus aucun doute. Le test ultime, c'est au bout du compte votre ressenti intérieur.

Le choix d'un maître spirituel est aussi important que celui d'un conjoint, et l'on sait bien que ceux qui se marient trop vite risquent de le regretter toute leur vie. Un maître authentique, loin de vous emprisonner, vous libérera.

Signes avertisseurs :

Le véritable guru ne vous humiliera jamais et ne vous éloignera pas de vous-même. Il vous ramènera sans cesse à la réalité de votre perfection intrinsèque et vous encouragera à chercher à l'intérieur de vous. [...] Le guru autoproclamé se soucie davantage de lui-même que de ses disciples.

Nisargadatta Maharaj (1895-1986), chef spirituel

Tous les maîtres ne sont pas aussi avancés sur le plan spirituel qu'ils voudraient vous le faire croire, et certains sont de véritables escrocs. Déceler les signes avertisseurs n'est pas aussi simple qu'il y paraît mais les quelques préceptes qui suivent, même s'ils ne sont pas infaillibles, pourront vous aider :

● Évitez tout maître qui prétend être le seul à avoir atteint l'illumination. La vérité n'est le monopole de personne.

● Évitez ceux qui exigent une acceptation inconditionnelle ou une obéissance absolue, ou qui imposent des tests de loyauté qui risquent de vous amener à violer votre propre code de conduite.

● Méfiez-vous des maîtres qui entretiennent la dépendance de leurs élèves vis-à-vis d'eux, par exemple en créant un contexte dans lequel il est de règle de recevoir l'approbation du maître en ce qui concerne les décisions personnelles importantes, ou encore en incitant les élèves à abandonner leur métier, leurs relations, etc. Un maître véritable n'emprisonne pas ses disciples, il les libère.

● Un maître accompli sur le plan spirituel est charismatique, mais méfiez-vous de ceux qui encouragent le culte de la personnalité (la leur !).

● Méfiez-vous de toutes les formes d'exploitation, les plus courantes étant d'ordre sexuel et financier (mais il en existe de plus subtiles). On peut tout à fait admettre que des maîtres ou des associations spirituelles demandent des dons raisonnables, mais pas qu'ils exigent des sommes exorbitantes ou encouragent les adeptes à verser des dons qui dépassent leurs moyens, en jouant souvent sur leur insécurité émotionnelle.

● Méfiez-vous de ceux qui ne pratiquent pas ce qu'ils prêchent.

● Méfiez-vous de ceux qui se prennent trop au sérieux ou n'ont pas le sens de l'humour.

Il vous faut devenir votre propre maître et votre propre disciple. Jiddu Krishnamurti

Disciples et associations

Ce sont souvent les disciples plutôt que les maîtres qui fondent et dirigent les communautés et les associations qui se créent autour d'un leader charismatique. Même si vous ne pouvez pas juger un maître d'après ses élèves, vous apprendrez beaucoup en observant les effets qu'a sur ses disciples la relation qu'il entretient avec eux, ainsi que la culture qui prévaut au sein du groupe. Soyez attentif aux points suivants :

● L'élitisme spirituel : tout groupe qui prétend que sa voie est « la » voie unique, ou que sa philosophie représente la vérité ultime.

● Le dénigrement des autres religions ou traditions et chefs spirituels.

● Une atmosphère de secret plutôt que d'ouverture, la dissimulation d'informations ou leur diffusion à un cercle restreint, les sujets tabous, une culture où les opinions et les doutes ne peuvent pas s'exprimer et où la liberté de pensée est réprimée.

● L'intimidation, notamment à l'encontre de ceux qui, au sein du groupe, ne suivent pas la ligne directrice, ou de ceux qui ont quitté le groupe.

● Une structure hiérarchique.

Le maître intérieur

Aller à l'intérieur de vous signifie seulement écouter votre propre Guru. Et ce Guru, c'est votre Soi. Le vrai Guru vous mettra en contact avec votre Guru intérieur et « vous » demandera de faire silence. Cette grâce vous appartient. Elle vient de l'intérieur de vous. Personne d'autre ne peut vous l'accorder. Poonjaji

Quelles que soient nos attentes vis-à-vis d'un maître spirituel, aussi riche et intime que soit notre relation avec lui (ou elle), et aussi grande que soit sa sagesse, finalement nous devons entrer en contact avec la sagesse qui réside dans nos cœurs – notre maître intérieur. Un maître véritable montre le chemin de ce maître intérieur et déclenche le processus spirituel. Ce processus s'appelle l'initiation.

Sans *abhisheka* (initiation), nos tentatives pour atteindre la spiritualité n'aboutiront à rien de plus qu'à une vaste collection de spiritualités.   Chogyam Trungpa

L'initiation

Le maître intérieur est déjà présent en chacun de nous sous la forme de l'énergie divine, ou conscience primordiale, mais celle-ci reste souvent endormie jusqu'à ce qu'un maître éclairé la réveille. L'initiation allume la flamme intérieure de la connaissance spirituelle, donne vie aux enseignements et déclenche un processus qui conduira finalement à un état de supra-conscience. Elle crée aussi entre le maître et le disciple un lien censé se poursuivre au-delà de la mort physique de l'un des deux. L'éveil intérieur se manifeste dans tous les aspects de la vie, mais plus particulièrement au cours de la méditation, qui survient presque sans effort.

L'initiation spirituelle ne consiste pas à prononcer des vœux ou à participer à des cérémonies secrètes, même si le rituel joue éventuellement un rôle. L'éveil intérieur – appelé aussi éveil de la kundalini – peut se faire de différentes manières, mais la méthode considérée comme la plus simple et la plus efficace est la transmission du pouvoir spirituel par un maître éclairé. Cela se produit parfois sous la forme d'une décharge d'énergie qui traverse le corps de l'initié et amène ce dernier à vivre une expérience de réalité ultime. Même si cette expérience est temporaire, l'initiation est un processus irréversible qui accélère l'évolution du disciple en déverrouillant la porte de son royaume intérieur et en le propulsant sur la voie spirituelle. Un sage éveillé peut initier par son regard, son contact, sa parole ou sa pensée. L'initiation peut aussi se faire hors de la présence physique du maître, parfois par l'intermédiaire de rêves ou de visions, et par des instructions spirituelles, comme la transmission d'un mantra et les conseils sur la manière de le réciter. Selon sa réceptivité et son niveau de développement, l'initié(e) peut connaître instantanément la vérité ultime, mais il s'agit le plus souvent d'un état temporaire qui ne peut s'ancrer pleinement que par un travail spirituel plus approfondi.

Pour que la transmission puisse s'opérer, l'élève doit être ouvert, tel un récipient vide prêt à se laisser remplir. On raconte qu'un maître reçut la visite d'un éminent professeur venu l'interroger sur les enseignements du zen. Le maître prit une théière et commença à remplir la tasse de son visiteur. Devant le professeur surpris et gêné, une fois que la tasse fut remplie à ras bord, le maître continua à verser le thé, qui déborda. Voyant cela, le professeur, incapable de se retenir, pria le maître de cesser de verser le thé puisque la tasse ne pouvait en contenir davantage. « Comme cette tasse, répondit le maître, votre esprit est plein d'opinions et d'idées préconçues. Pour recevoir les enseignements, vous devez d'abord vous vider. »

Si tu ne mets rien dans ton esprit et si tu ne mets ton esprit dans rien, alors seulement tu expérimentes la vacuité et la spiritualité, un état de vide extraordinaire.

Te-Shan

Kabir

On sait peu de chose des premières années du grand sage indien Kabir (v. 1440-v. 1518), dont la poésie visionnaire inspira des générations de chercheurs de vérité, tant dans son pays que dans le monde entier. Parmi les légendes qu'il a suscitées, l'une d'elles raconte comment il devint le disciple du célèbre guru Ramananda.

Kabir avait reconnu en Ramananda le guru qui lui était destiné mais, étant fils d'un tisserand musulman, il savait que le maître hindou ne l'accepterait jamais comme disciple. Aussi conçut-il un plan habile pour recevoir l'initiation du guru à l'insu de ce dernier. Ramananda avait coutume de se baigner chaque matin dans les eaux sacrées du Gange. Kabir prit place sur l'une des marches qui menaient au fleuve et attendit. En descendant, pieds nus, Ramananda trébucha sur Kabir et, surpris, invoqua la divinité qu'il vénérait : « Ram, Ram ». Ainsi, non seulement Kabir reçut de Ramananda le mantra d'initiation, mais le guru le toucha de ses pieds ; or la tradition considère cette partie du corps comme un centre d'énergie spirituelle à partir duquel se transmet le pouvoir divin. Ramananda continua son chemin après avoir malgré lui initié le jeune Kabir, qui connut plus tard le plein éveil.

Cette anecdote montre que l'acceptation d'un maître par le disciple prime sur l'acceptation du disciple par le maître. Kabir devint l'un des poètes mystiques les plus importants et les plus aimés en Inde. Il s'inspirait autant du symbolisme de l'islam que de celui de l'hindouisme. Il se disait lui-même « à la fois l'enfant d'Allah et de Ram ».

Ô frère, mon cœur désire ce vrai
guru qui remplit la coupe
de l'amour véritable, y boit
lui-même, puis me l'offre.
Il ôte le voile de mes yeux
et me donne la vraie vision
de Brahman (Réalité Suprême).
Il me révèle les mondes en Lui,
et me fait entendre la musique
silencieuse.
Il me montre que joie et peine
ne font qu'un.
Il remplit d'amour toute parole.

Paroles de Kabir

Symboliquement, les sandales représentent le guru et l'octroi de la grâce divine, c'est pourquoi on les trouve parfois dans les lieux de méditation, souvent décorées de fleurs, de poudre de kumkum rouge ou d'autres offrandes.

Les gurus de la lignée du Siddha Yoga

Swami Muktananda (1908-1982), ce guru au pouvoir légendaire, réveilla l'énergie intérieure de milliers d'adeptes à travers le monde par l'initiation shaktipat, une méthode consistant à transmettre au disciple un puissant courant d'énergie spirituelle.

Sa propre quête spirituelle commença dès son plus jeune âge, avec la pratique de diverses formes de yoga et de méditation, mais Muktananda disait souvent que son itinéraire spirituel ne débuta réellement que quelques années plus tard, quand il reçut l'initiation shaktipat de son propre guru, Bhagawan Nityananda, et se mit à suivre la voie du Siddha Yoga. Après son éveil intérieur il pratiqua des exercices spirituels intenses et, neuf ans plus tard, ayant atteint l'illumination totale, il fonda un ashram à Ganeshpuri, dans l'État indien du Maharashtra. Au cours des années 1970, Muktananda transmit les enseignements du Siddha Yoga à l'Occident et créa un réseau mondial d'ashrams et de centres de méditation, aujourd'hui sous la direction de Swami Chidvilasananda (voir ci-contre).

Swami Muktananda fut un maître charismastique et plein d'humour, doté d'un fort caractère, mais ses dernières années furent assombries par diverses controverses et des accusations de pratiques discutables. Cependant, parmi les disciples qu'il initia ou qui expérimentèrent le pouvoir de sa présence, peu nieraient la transformation qu'il suscita dans leur vie spirituelle, et l'approfondissement de leur conscience de soi qui en résulta.

Méditez sur votre moi propre.
Dieu réside en vous, il est vous.

Swami Muktananda

Swami Chidvilasananda, affectueusement surnommée Gurumayi par ses adeptes, est la séduisante et charismatique héritière spirituelle de Swami Muktananda. À l'origine, elle avait été désignée à la succession de la lignée du Siddha Yoga conjointement avec son frère, Swami Nityananda, mais ce dernier se retira au bout de trois ans, après avoir avoué qu'il avait rompu son vœu de célibat.

La manière dont s'est passé le départ de Nityananda et le rôle joué par Gurumayi à cette occasion ont donné lieu à des controverses. Il n'en reste pas moins que Gurumayi s'est révélée sans conteste la digne continuatrice du réseau mondial d'ashrams et de centres de méditation fondés par Muktananda. Même si elle effectue des visites régulières en Inde, Gurumayi est installée à South Fallsburg, dans les monts Catskill, dans l'État de New York, où elle attire de nombreuses célébrités. Gurumayi est un maître spirituel résolument moderne qui continue l'œuvre de son guru : elle transmet à ses disciples l'initiation shaktipat et l'expérience du Siddha Yoga, à la fois par des moyens traditionnels tels que la psalmodie et la méditation, et par l'art – musique, arts plastiques, théâtre et conte.

Quand vous méditez, le silence des sens illumine la présence intérieure de Dieu. Gurumayi Chidvilasananda

Swami Nityananda fut initié par Swami Muktananda et devint moine en 1980, à l'âge de 18 ans. Muktananda le désigna comme successeur conjoint de la lignée du Siddha Yoga en 1982. Mais Swami Nityananda se retira trois ans plus tard et fonda une communauté spirituelle nommée Shanti Mandir, qui a pour vocation de poursuivre l'œuvre de Swami Muktananda. En 1995 Swami Nityananda a été ordonné Mahamandaleshwar : il s'agit d'un insigne honneur qui, jusque-là, n'avait jamais été conféré à quelqu'un d'aussi jeune.

Nityananda est un leader spirituel simple et sans prétentions de la tradition shaktipat, dont les enseignements sont issus de la philosophie du Vedanta. Ses disciples pratiquent la méditation, la récitation de mantras, l'étude, et participent à des rituels sacrés.

C'est seulement quand nous faisons de notre cœur un temple de paix que le sens et le but de notre existence peuvent se révéler à nous. Swami Nityananda

Georges Ivanovitch Gurdjieff et le Travail

G.I. Gurdjieff (1866?-1949), de père grec et de mère armé-nienne, est né dans une région d'Arménie où cultures orientale et occidentale se sont mêlées et parfois opposées – influence qui se ressent dans ses derniers écrits. Certains le considèrent comme le plus grand maître mystique de tous les temps et son enseignement exerce toujours une influence considérable. Selon Gurdjieff, l'éveil de la conscience – la connaissance directe de notre être véritable – entraîne le développement de notre puissance morale intérieure, la conscience éveillée.

Dès son plus jeune âge, Gurdjieff voyagea en Asie centrale et au Moyen-Orient, où il découvrit diverses traditions ésoté-riques. Il fut notamment influencé par le soufisme et le boud-dhisme tibétain. Selon lui, l'homme est endormi ; c'est un automate qui réagit machinalement aux pulsions inconscientes et aux événements extérieurs. Pour devenir réellement humain, il doit évoluer spirituellement grâce à un travail intérieur. La voie spirituelle élaborée par Gurdjieff s'appelle la Quatrième Voie, pour la distinguer des trois voies classiques du fakir, du moine et du yogi. Aujourd'hui, elle est plus connue sous le nom de Travail, terme popularisé par P.D. Ouspensky, l'un des plus célèbres disciples de Gurdjieff (voir ci-contre). Cette voie com-porte différentes pratiques : travail physique exigeant, exercices psychologiques, mouvements de danse sacrés inspirés des der-viches tourneurs, méditation. La musique et d'autres disci-plines artistiques occupent aussi une place de choix. Gurdjieff pensait que tous les arts servent une cause sacrée car ils sont les dépositaires d'une connaissance supérieure ; pour lui, les œuvres d'art de l'Orient – les mandalas tibétains, par exemple – offrent une cartographie de la conscience.

Comme tous les grands maîtres spirituels, Gurdjieff avait pour objectif d'éveiller ses élèves et non de les endoctriner, d'où son utilisation de techniques « choc ». Au Prieuré, la commu-nauté qu'il avait fondée à Fontainebleau, il employait des méthodes surprenantes et non conventionnelles. Par exemple, on réveillait les élèves à n'importe quelle heure pour travailler ou participer à des activités de groupe. Ou bien, après plusieurs semaines d'un régime austère et frugal, ils étaient conviés à se joindre au maître pour des orgies de nourriture et de boisson. Cela valut à la communauté une réputation quelque peu sulfu-reuse, qui s'amplifia lorsque l'écrivain Katherine Mansfield, mourante, y fut admise.

Outre Katherine Mansfield, Gurdjieff attira de nombreux artistes et intellectuels, dont les œuvres bénéficièrent de la transformation intérieure qui s'était accomplie en eux à son contact. Après sa mort, son enseignement fut perpétué par ses disciples, tels Ouspensky, A.R. Orage, rédacteur en chef de la revue anglaise *The New Age*, et Maurice Nichol, psychologue anglais novateur qui travailla aussi avec Jung. Aujourd'hui, l'en-seignement de Gurdjieff continue d'être transmis oralement, au sein de groupes organisés, par la deuxième et la troisième génération de ses disciples à travers le monde.

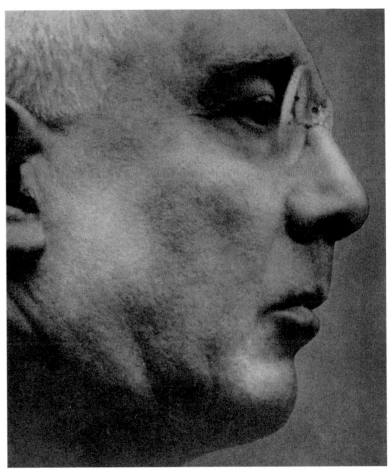

Sachez que vous devez chercher la Voie.
La Voie ne vous cherche pas !   Gurdjieff

Pyotr Demianovitch Ouspensky

Le philosophe P. D. Ouspensky (1878-1949) est né dans une famille d'artistes et d'intellectuels russes. Il devint l'un des principaux disciples de Gurdjieff, auprès de qui il étudia assidûment durant plusieurs années, avant de publier *Fragments d'un enseignement inconnu* (1949), le meilleur ouvrage sur l'enseignement de Gurdjieff. Même s'il se sépara plus tard de son maître, il n'en continua pas moins à prôner avec ferveur sa méthode dans les groupes d'étude qu'il constitua.

Sa Sainteté le Dalaï-Lama

Le Dalaï-Lama (titre qui signifie « océan de sagesse ») est le chef spirituel et temporel du peuple tibétain, qui le surnomme Kundun, « la Présence ». Cette épithète est la marque d'un pouvoir spirituel et quiconque a eu la chance d'assister à une conférence de l'actuel Dalaï-Lama, ou simplement de se trouver en sa présence, peut en témoigner. Tenzin Gyatso, né en 1935, est le quatorzième dalaï-lama ; à la suite de l'occupation du Tibet par la Chine, il vit depuis 1960 en exil à Dharamsala en Inde.

Depuis son lieu d'exil, le Dalaï-Lama n'a cessé d'attirer l'attention sur le sort de son peuple, voyageant dans le monde entier pour répandre son message. Ce faisant, il a suscité un intérêt croissant pour le bouddhisme tibétain. À côté de personnages de la stature du Mahatma Gandhi et de Mère Teresa, le Dalaï-Lama a transcendé les barrières de la religion en prônant une voie spirituelle qui trouve un écho universel.

Défenseur des droits de l'homme et de la paix dans le monde, le Dalaï-Lama a reçu le prix Nobel de la paix en 1989. Il a également publié de nombreux ouvrages sur le bouddhisme tibétain. Il recommande la méditation – qu'il s'agisse de méthodes simples de concentration ou des techniques plus complexes du bouddhisme tibétain – comme pratique spirituelle conduisant à la paix intérieure et au bonheur durable.

Si nous pouvons comprendre la vérité ultime et méditer sur cette vérité, notre esprit sera débarrassé de ses impuretés et nous n'éprouverons plus de sentiment de séparation.   Dalaï-Lama

Index

Remerciements de l'auteur

La rédaction de cet ouvrage a revigoré ma propre pratique et m'a permis d'en apprendre davantage sur les autres pratiques traditionnelles. Je remercie chaleureusement pour sa sensibilité mon éditrice, Camilla Stoddart, qui m'a proposé d'écrire ce livre et m'a aidée à le mettre en forme. Merci également à Cassell Illustrated d'avoir contribué à la réalisation de ce magnifique ouvrage, merci en particulier à Robin Douglas-Withers pour sa patience infinie, sa bonne humeur et son œil d'éditrice à qui rien n'échappe, et à Gabrielle Mander pour l'intérêt personnel qu'elle a manifesté. Un immense merci à Joanna Burton qui a montré les postures de yoga et de méditation avec tant de grâce et de sérénité ; à Terry Benson pour ses superbes photos ; à Ros Bell pour m'avoir confié é l'œuvre de Shifu Nagaboshi Tomio qui lui appartient, et aux deux pour m'avoir accordé généreusement la permission d'inclure cette œuvre dans mon livre ; à Jane Hindley, Soni Veliz et David Bomford pour leur point de vue et leurs excellentes suggestions pour les illustrations ; à Simon Wilder pour la qualité de la maquette ; à Nicholas Wilks qui m'a aidée dans la compréhension des diverses traditions ; à Anne Hunt pour ses commentaires pertinents sur le texte et ses conseils utiles ; et à Ferne Clarke pour sa précieuse participation au chapitre sur le christianisme.

Ce livre n'aurait pu voir le jour sans l'aide des innombrables personnes qui m'ont donné de leur temps avec tant de générosité et ont partagé avec moi leurs connaissances et leur enthousiasme pour la méditation. Merci tout spécialement à Donny, où que tu sois, pour m'avoir, le premier, fait connaître la méditation. Je remercie affectueusement Marinella Franks qui m'a accompagnée dans les ashrams, les communautés soufies et les centres de méditation, et bien sûr pour ce fameux numéro de *Harper's Bazaar*. Écrire au sujet des maîtres, gurus et groupements spirituels m'a aidée à résoudre certaines questions personnelles, et j'aimerais remercier en particulier Sally Kempton pour sa perspicacité, sa lucidité et la qualité de son enseignement. J'éprouve aussi une profonde gratitude pour les autres maîtres de yoga et de méditation exceptionnels que j'ai eu le privilège de rencontrer et auprès de qui j'ai étudié, notamment Baba Muktananda, dont la capacité à allumer la flamme de la méditation et à l'entretenir était légendaire, et à B. K. S. Iyengar, à qui sa connaissance accomplie du yoga et son don exceptionnel pour enseigner ont valu une réputation mondiale. Merci de tout cœur à M. Iyengar d'avoir eu la générosité d'écrire l'avant-propos.

Enfin, j'exprime mes remerciements et ma reconnaissance envers mon mari, l'éditeur Nicholas Brealey, pour son œil averti, ses conseils avisés et son fabuleux sens de l'humour ; et à Nick et Sam pour leur extraordinaire tolérance.

Crédits photographiques

Les éditeurs expriment leurs remerciements aux personnes et organismes suivants pour leur aimable autorisation de reproduction des documents apparaissant dans cet ouvrage. Le plus grand soin a été apporté dans la recherche des détenteurs des copyrights ; nous nous excusons par avance des éventuelles omissions qui pourraient subsister et nous veillerons à les réparer dans une prochaine édition si elles nous sont signalées.

AKG, Londres/Erich Lessing 111 /Robert O'Dea 81 ; **Bridgeman Art Library, Londres**/Mark Rothko *Rouge* © 1998 Kate Rothko Prizel & Christopher Rothko/DACS 2004 121 /Chapelle des Scrovegni, Padoue 176 /Lauros/Giraudon 141 /Musée national de Karachi, Pakistan 48 /Constantin Brancusi *Muse endormie III* 111/v. 1971 © ADAGP, Paris et DACS, Londres 2004 118 /Roger-Viollet, Paris 98-99 /National Museum of Scotland 83, 84 /*Sans titre (Winged Curve)* (1966) Bridget Riley © de l'artiste 16 ; **Corbis UK Ltd** 74, 77, 142 /Archivo Iconografico SA 103 /Burstein Collection 92 /Charles & Josette Lenars 78 /Sheldan Collins 148 /Michael Freeman 126, 155 /Arvind Garg 55 /Lindsey Hebberd 71 /Henry Diltz 19 /Jeremy Horner 169 /Gauvriel Jecan 137 /Mark A. Johnson 24 /Charles & Josette Lenars 146 /Chris Lisle 28-29, 90-91 /Francis G. Mayer 113 /Micael Pole 116-117 /David Samuel Robbins 69 /Phil Schermeister 180 /Janez Skok 50 /Gregor Schmidt 150 /Keren Su 42 /Adam Woolfitt 152 ; **Eye Ubiquitous/**The Hutchison Library/Felix Greene 97 /Jeremy Horner 67 ; **Getty Images/**Brian Bailey 14-15 /Rosemary Calvert 37 /John Chapple 33 /Jody Dole 158 /Michael Dunning 163 /Ed Freeman 2 /Grant Faint 47 /Lena Leon 156 /Matthew Naythons 175 /Photodisc Red 125 /Steve Satushek 34 /Karen Su 129 /Simon Watson 138 ; **Lisson Gallery/** Anish Kapoor *At the Hub of Things* 1987 (fibre de verre et pigment) collection Hirshhorn Museum et Sculpture Garden, Washington DC, Susan Ormeord 164 ; **Mary Evans Picture Library** 187 gauche, 187 droite ; **Octopus Publishing Group Ltd**/Terry Benson 23, 56, 57, 58-59, 59 haut, 60-61, 130, 132, 133 gauche, 133 droite, 134, 135, 183 ; **Oxford Scientific Films** 122 ; **Paragon Press**/Shirazeh Houshiary, *Round Dance* (eau-forte) 1992, Scottish National Gallery of Modern Art 100 ; **The Picture Desk Ltd.**/The Art Archive/Biblioteca Nacional, Lisbonne/Dagli Orti 104 /Bodleian Library, Oxford 107 ; **www.pictorialpress.com** 20 ; **Pictures Colour Library**/Intervision Ltd 108 ; **Ramamani Iyengar Memorial Yoga Institute** 7 ; **Ros Bell**/Shifu Nagaboshi Tomio 86 ; **Thames & Hudson Ltd/** collection Ajit Mookerjee. Extrait de *Tantra: The Cult of Ecstasy* par Phillip Rawson 62, 170, /Collection Ajit Mookerjee. Extrait de *The Art of Tantra* par Philip Rawson 167 /Collection Ajit Mookerjee. Extrait de *Yoga Art* par Ajit Mookerjee 72-73 ; **Tibet Images/** Shane Rozzario 189 ; **TopFoto**/The British Museum 89 ; **Werner Forman Archive** 30 ;

Autres autorisations

p. 20 Extrait de *Within You Without You* © 1967 Northern Songs Limited – Sony/ATV Music Publishing Limited

Remerciements des éditeurs

Cassel Illustrated tient à remercier Rebecca Mercer pour les six chakras peints à la main de la page 64, qui figuraient dans *Ten-Minute Yoga* de Donald Butler et ont été reproduits avec l'aimable autorisation des auteurs ; et à Ghost, Red Hot et Bodas pour les vêtements qui figurent pages 23, 56-61, 130 et 132-135 (www.ghost.co.uk, www.redhotfashions.co.uk et www.bodas.co.uk).

Les traductions suivantes ont été utilisées pour de courtes citations :

William Blake : p. 18 extrait du *Mariage du Ciel et de l'Enfer* ; p. 156 extrait d'*Augures d'innocence : in Œuvres de William Blake*, trad. par Pierre Leyris, Aubier-Flammarion, 1980.

T. S. Eliot : p. 25 extrait de *Burnt Norton, Quatre Quatuors : in Meurtre dans la cathédrale et Quatre Quatuors*, trad. par Pierre Leyris, Rombaldi, 1963 (coll. des Prix Nobel de Littérature, sous le patronage de l'Académie suédoise et de la Fondation Nobel).

Katha Upanishad : p. 26, 50, 122 *in Les Upanishad*, trad. du sanskrit par Patrick Lebail, Le Courrier du Livre, 1971.

Robert Browning : p. 76 extrait de *Paracelse : in R. Browning : Pauline – Paracelse – Sordello*, trad. par Jean R. Poisson, Aubier-Montaigne, 1952.

Bodhidharma : p. 90 extrait de *Techniques de méditation et pratiques d'éveil* par Marc de Smedt, Albin Michel, coll. Spiritualités vivantes, 1983.

Lao-tseu : p. 92, 94, 95, 96 extraits de *Tao-tö-king : in Philosophes taoïstes*, trad. par Liou Kia-hway, relu par Etiemble, Bibl. de la Pléiade, Gallimard, 1980.

Tchouang-tseu : p. 95 extrait de *Philosophes taoïstes*, trad. par Liou Kia-hway, relu par Paul Demiéville, Bibl. de la Pléiade, Gallimard, 1980.

Bible : p. 108 extrait des *Psaumes* ; p. 110 extrait de l'*Évangile de saint Luc* ; p. 112 extrait de l'*Évangile de saint Jean* ; p. 176 extrait de l'*Évangile de saint Matthieu : in La Bible*, trad. œcuménique, Le Cerf/Société biblique française, 1998.

Yogi Bhajan et Thich Nhat Hanh : p. 144 extrait de *Pleine conscience, vivre dans l'instant* par Jerry Braza, trad. par Marianne Coulin, Le Souffle d'Or, 2000.